LENGUA JAPONESA
Para principiantes

APRENDA
Kanji
CARACTERES JLPT-N5

CUADERNO DE APRENDIZAJE DE IDIOMAS PARA PRINCIPIANTES

☑ Domine sus primeros kanji, paso a paso
☑ Entienda el significado de los kanji y el orden de los trazos
☑ Diagramas del orden de los trazos y consejos de escritura

POLYSCHOLAR
www.polyscholar.com

ÍNDICE

1 Kanji   4

2 Cartilla Hiragana y Katakana Charta   15

3 Práctica del orden de los trazos Kanji N5   25

4 Genkouyoushi   106

5 Tarjetas didácticas   122

7 Gracias   137

Sugerencia: *Es mejor trabajar en este libro con bolígrafos de gel, lápices y otros similares. Tenga cuidado con los rotuladores y la tinta, ya que los medios pesados o húmedos pueden hacer que el papel manche o se transfiera a las páginas inferiores. A continuación se presentan algunos cuadros de prueba para comprobar la idoneidad de sus bolígrafos:*

LA CIENCIA DEL KANJI

A estas alturas de su estudio del japonés, probablemente haya oído hablar de los kanji, una de las partes más desalentadoras para los nuevos estudiantes que se inician en el japonés. Dominar los kanji, como cualquier otra parte de un idioma, requiere mucha dedicación y tiempo, ¡pero este libro está especialmente diseñado para enseñarle cómo empezar a aprender los kanji con facilidad!

El kanji japonés (漢字) ha sido llamado el tercer alfabeto de la lengua, pero esto es un poco inapropiado. Los hispanoparlantes que aprenden hiragana y katakana probablemente hayan notado las similitudes entre el alfabeto español y estos silabarios japoneses. Ambos están diseñados para describir los sonidos fonéticos de las palabras en sus respectivos idiomas, pero el kanji es muy diferente. Importados del sistema de escritura chino hace miles de años, los kanji son, al igual que sus parientes chinos, un sistema de escritura logográfico, lo que significa que cada carácter representa un significado en lugar de un sonido específico. Esto significa que, al leer japonés, algunos caracteres kanji pueden leerse hasta de 18 maneras diferentes. Pero que esto no lo asuste, ya que la mayoría de los kanji sólo tienen dos pronunciaciones (también conocidas como lecturas): el kunyomi y el onyomi. La lectura kunyomi se utiliza cuando el carácter se usa para representar una palabra nativa japonesa, y es útil para diferenciar entre las muchas palabras de sonido similar del japonés. Por otro lado, la lectura onyomi se utiliza cuando los caracteres se emplean en la misma palabra que otros kanji, normalmente préstamos chinos.

CÓMO USAR ESTE LIBRO

Como ocurre con el aprendizaje de cualquier idioma, la repetición es una de las formas más rápidas de asimilarlo. Este libro de trabajo contiene páginas de instrucciones cuidadosamente diseñadas que le enseñarán a escribir cada carácter, con espacio para practicar sus nuevos conocimientos de caligrafía japonesa:

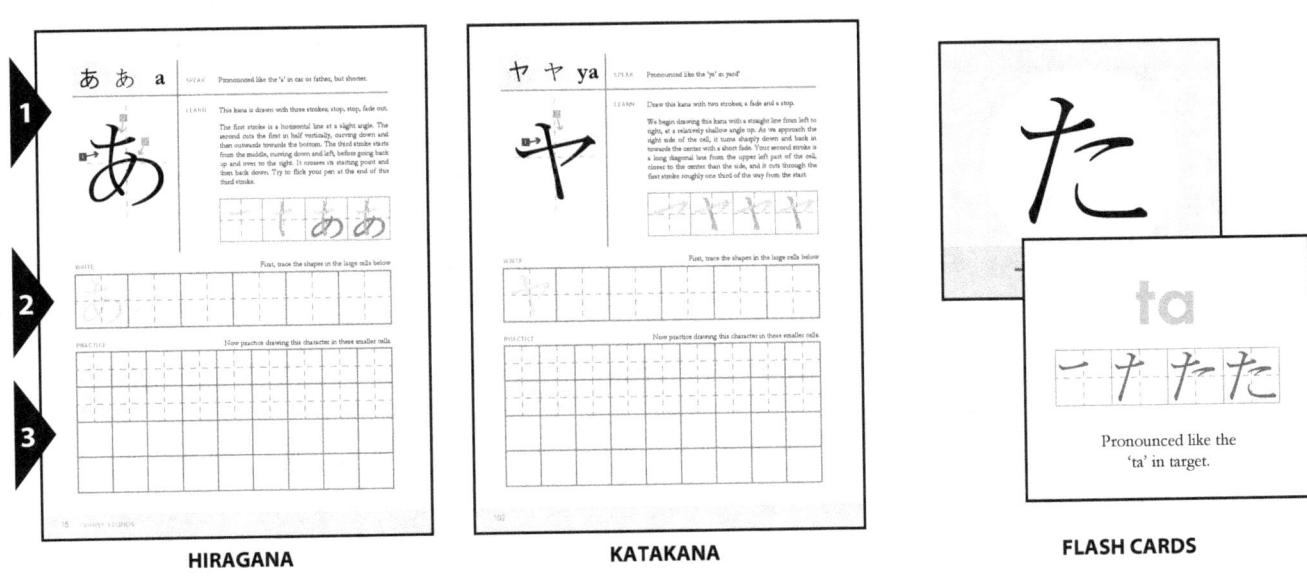

HIRAGANA　　　　　**KATAKANA**　　　　　**FLASH CARDS**

Hacia el final de este libro de trabajo encontrará cuadrículas adicionales que podrá utilizar después de aprender a escribir algunos (o incluso todos) los kana; estas páginas cuadriculadas se denominan tradicionalmente Genkouyoushi (o 原稿用紙 en japonés) que significa "papel manuscrito".

La parte final de este libro de trabajo contiene un conjunto de páginas tipo tarjeta didáctica que se pueden fotocopiar o recortar. Son una forma estupenda de ayudarle a memorizar los símbolos y poner a prueba sus conocimientos. Los estudiantes más jóvenes deben pedir ayuda a un adulto para recortarlas.

BREVE HISTORIA DEL JAPONÉS Y DEL KANJI

El japonés es una de las muchas lenguas del mundo que se clasifican como lenguas aisladas, lo que significa que no tienen un ancestro conocido ni ninguna lengua relacionada, aparte de las lenguas de Ryukyuan que se hablan en las islas al sur del continente. Esto significa que, mientras que el inglés y el alemán están "genéticamente emparentados" en el sentido de que ambos proceden de una lengua madre, llamada protogermánica, comparten muchas de las palabras y la gramática, el japonés no tiene padre ni hermanos conocidos. Sin embargo, ya en el siglo V Japón empezó a importar caracteres chinos a través de la península de Corea y comenzó a utilizar el sistema de escritura chino para los textos y documentos de su propio país. Este estilo de escritura, llamado kanbun, se escribía completamente con caracteres, gramática y sintaxis chinos, pero se pronunciaba con una mezcla de lecturas chinas y japonesas. ¿Le parece confuso? ¡Lo era!

El kanbun ha sido clasificado por algunos académicos como una lengua criolla totalmente diferente, ya que sería incomprensible para el ciudadano medio chino o japonés de la época. Sin embargo, o precisamente por ello, se hizo muy popular entre la élite y las clases nobles, y la mayoría de las obras intelectuales y oficiales desde el siglo IX hasta el XX se escribieron en este estilo. De hecho, los silabarios hiragana y katakana se desarrollaron más tarde, por las mujeres de las cortes nobles a las que se les impedía la rigurosa educación necesaria para escribir en este híbrido chino-japonés. Utilizaron un pequeño número de caracteres chinos solo por su sonido para representar el japonés, y la forma cursiva de escribir estos caracteres se simplificó con el tiempo hasta llegar al hiragana que conocemos hoy. Aunque muchos miembros de la élite preferían escribir en este estilo kanbun, el hiragana, más fácil de aprender, se hizo cada vez más popular entre los que no pertenecían a la élite y otros que, de otro modo, no sabrían escribir. Con el tiempo, los silabarios y el uso de los kanji se fusionaron en la escritura japonesa que conocemos hoy, que utiliza una mezcla de los tres en la escritura cotidiana y en los textos oficiales.

¿¡¿¡CUÁNTOS KANJI HAY!?!?

Tras siglos de importación a Japón de estos caracteres, ahora hay muchísimos kanji; según algunas estimaciones, son más de 50.000. Sin embargo, la gran mayoría de ellos no son estándar o ya no se utilizan y no se encontrarán fuera de los textos escritos en japonés clásico. De hecho, la prueba de aptitud de kanji más rigurosa que se realiza en Japón para historiadores y traductores solo evalúa unos 6.000 caracteres, siendo los jōyō kanji (lit. caracteres chinos de uso cotidiano) los 2.136 caracteres estándar necesarios para que se considere que se domina el idioma. Estos jōyō kanji son también lo que se enseña desde el primer grado hasta el final de la secundaria a los niños japoneses, por lo que hay mucho material didáctico para estos kanji.

DÓNDE COMENZAR

Pero, ¿cómo empiezan estos jóvenes estudiantes a aprender todos esos caracteres? Pues de la misma manera, mediante la repetición, la práctica así como el hecho de encontrar y utilizar los kanji en situaciones de la vida real. Muchos de los primeros caracteres que aprenderá son pictográficos, lo que significa que representan visualmente el significado asociado a ellos. Por ejemplo, el carácter para árbol, 木 (ki), se parece a un árbol con el tronco central y varias ramas. El carácter para río, 川 (kawa), parece una corriente de agua en movimiento. Estos kanji pictográficos constituyen sólo una pequeña parte del total de caracteres utilizados en el japonés moderno, pero son una buena forma de que los estudiantes que se inician en las lenguas logográficas se familiaricen con ellos. También es ventajoso porque muchos de los primeros kanji pictográficos se juntan para formar nuevos kanji, por lo que se encontrará con muchos caracteres nuevos y ya tendrá una pista sobre el significado, o el sonido, del carácter.

A medida que los caracteres empiezan a ser más complejos, muchos alumnos utilizan mnemotecnias para recordar el significado de los kanji más avanzados, que suelen estar formados por 2 o más partes, llamadas radicales. Por ejemplo, una mnemotecnia muy conocida para el carácter 町 (ciudad, machi) es recordar que se trata de un campo de arroz (田) junto a una calle (丁), dos cosas que se encontrarán en el 100% de las pequeñas ciudades japonesas.

Como la mayoría de la gente aprende los kanji en un orden similar al de los alumnos de la escuela primaria japonesa, puede ser una muy buena la lectura de libros infantiles como una forma de practicar una vez que se tenga una base sólida de caracteres. Una vez que estos se hagan más fáciles, se puede probar con un libro más desafiante, o con otra opción popular, el manga. Como probablemente ya sepa, el manga es un cómic japonés que en los últimos años se ha hecho muy popular en todo el mundo. Los mangas son una gran opción para las personas que intentan empezar a leer en japonés porque las ilustraciones ayudan mucho a entender el texto. Si ya se sabe leer los caracteres, el dibujo actúa como una buena visualización de las palabras para recordarlas mejor. Por otro lado, si no puede comprender todas las palabras, las que sí entiende junto con el contexto de las ilustraciones hace que sea mucho más probable que pueda averiguar, por su cuenta, el significado de la palabra o los caracteres.

APRENDER A ESCRIBIR KANJI (O NO)

Así que, leyendo hasta aquí, es posible que piense: "Bueno, si lo que pretendo es hablar y escuchar en japonés, sólo necesito aprender hiragana y katakana. Puedo escribir todo en el idioma con esos caracteres y, por tanto, no necesito aprender a escribir kanji".

Y hasta cierto punto, esto es cierto. En teoría, se podría dominar el japonés hablado sin aprender un solo carácter kanji y escribir la próxima gran novela japonesa completamente en hiragana. Pero quienes la leyeran tendrían muchas dificultades para diferenciar las palabras (la escritura japonesa no tiene espacios) y probablemente tendrían que pronunciar la mayoría de las palabras individualmente para entenderlas, ya que están acostumbrados a leer con kanji. Aun así, es posible. Sin embargo, si alguna vez desea visitar el Japón y entender las señales e indicaciones, si alguna vez desea escribir algo que sea fácil de leer y entender, si alguna vez desea leer una sola frase en el idioma, va a tener que ponerse a estudiar.

LECTURA (COMO FORMA DE APRENDER KANJI)

Es posible que algunos puristas del aprendizaje del japonés digan que, al igual que el método de inmersión para aprender el componente hablado de un idioma, es mejor utilizar el tiempo, en lugar de estudiar programas, para sumergirse en el contenido escrito, como un periódico, y simplemente buscar cada palabra que se encuentre hasta que empiece a entenderla. Aunque esto es teóricamente posible una vez que se tiene un conocimiento básico de la gramática y de los dos silabarios, en la mayoría de los casos, esto está destinado simplemente a hacer que se sienta frustrado y que se le acalambre el dedo de tanto buscar kanji manualmente. Como he dicho antes, la mejor manera de aprender a leer japonés es simplemente leyendo pero solo después de tener una base adecuada del idioma en la que solo haya que buscar un par de palabras por línea. Habrá estudiantes de japonés que sean las excepciones a esto y estén lo suficientemente preparados y dedicados a intentar leer periódicos día tras día, y estoy seguro de que obtendrán grandes resultados con el tiempo suficiente, pero para la mayoría, recomiendo esperar aunque sea un par de meses antes de sumergirse en el contenido escrito cotidiano para adultos.

EN QUÉ ORDEN APRENDER KANJI

La mayoría de las clases, aplicaciones y libros de estudio de kanji presentan los caracteres en uno de los cuatro órdenes principales, cada uno de los cuales se solapa ampliamente con el otro. Los caracteres de estos libros suelen estar ordenados de acuerdo con la forma en que se enseñan los kanji a los niños en las escuelas primarias japonesas, desde las palabras que conforman los bloques de significado y conversación (gente, sonido, mano, casa, niño, comer, beber, vivir, etc.) hasta palabras más abstractas y poco comunes a medida que los niños crecen. Algunos cuadernos adoptan un enfoque más estadístico y enseñan los caracteres en orden, desde los kanji más comunes hasta los más raros. De forma similar, algunos van en orden desde el kanji más sencillo (一, ichi, que significa 1) hasta algunos de los caracteres más complicados y densos, con alrededor de veinte trazos (es decir, el número de veces que la pluma hace un nuevo trazo al escribir el carácter).

Y, por supuesto, muchos materiales de estudio, como este libro, basan su lista de kanji en el Examen de Dominio del Idioma Japonés, la medida estandarizada a nivel mundial de la capacidad de un hablante no nativo en el idioma. Aunque la organización del JLPT (por sus siglas en inglés) no publica listas oficiales de los caracteres que aparecerán o no en sus exámenes, tras muchos años de pruebas, los instructores han elaborado una guía precisa de los caracteres que probablemente aparecerán en cualquier nivel del JLPT, desde el N5 (dominio básico) hasta el N1 (dominio de nivel nativo o casi nativo). Aunque todos estos métodos de ordenamiento difieren ligeramente, como ya se ha dicho, en su mayor parte están ordenados desde los kanji más básicos (en cuanto a significado y número de trazos) hasta los más avanzados.

¿QUÉ SON LOS RADICALES?

Los radicales son el término que designa a los bloques indivisibles del kanji, los pequeños conjuntos de trazos que se juntan de forma diferente para formar cada carácter. Por ejemplo, el carácter 魑, que significa "demonios de la montaña", a primera vista parece demasiado complicado para escribirlo uno mismo y requiere un total de 20 trazos, un kanji desalentadoramente denso incluso para los hablantes nativos. Sin embargo, si lo vemos como una disposición de radicales estandarizados, una colección de componentes sencillos más pequeños (田, 儿, 厶, 亠, 凵 y 内) juntos, resulta mucho más fácil de conceptualizar. Con algunos de esos mismos componentes, podemos hacer el kanji 充 ("suficiente"), un carácter con los mismos componentes pero con un significado completamente diferente.

APRENDIENDO KANJI POR RADICALES

Como método más avanzado de aprendizaje y memorización de kanji, algunos libros de trabajo enseñan los kanji ordenados por sus componentes de significado, una clase especial de radical. Los componentes de significado son el componente del kanji que está (normalmente) en el lado izquierdo del carácter y que da una pista sobre el significado del kanji. A medida que se aprende más kanji se puede empezar a ver un patrón, como que los caracteres de 汁, 沖, 沈 y 渚 comparten esos tres pequeños puntos en el lado izquierdo de los mismos. Esto se debe a que esos tres puntos representan gotas de agua que caen, y los significados de cada uno de estos caracteres (caldo, mar abierto, hundimiento y costa, respectivamente) tienen algo que ver con el agua o la liquidez en un sentido más abstracto. Estos radicales, de los que tradicionalmente hay 214, son la forma de clasificar los caracteres en un diccionario de kanji y pueden ser pistas muy útiles para saber cuál es el significado de un carácter, especialmente si ya se conoce el otro carácter de una palabra en la que se encuentra.

Otros radicales comunes utilizados como componentes de significado que encontrará rápidamente en su viaje por el japonés son 月 ("luna"), 火 ("fuego"), 木 ("madera"), 金 ("metal") y 土 ("tierra"), todos los cuales son también nombres de los días de la semana. Algunos radicales, como 月 (tsuki, luna), significan algo completamente diferente cuando se utilizan como radicales dentro de un kanji. En el caso de 月 esto se debe a que cuando se utiliza como radical es una versión simplificada de 肉 (niku, carne) e indica que el significado tiene algo que ver con la carne. Sin embargo, una vez que se hayan aprendido estas pocas peculiaridades y se hayan descifrado unos 50 radicales de significado, algo que ocurrirá mucho antes de lo que piensa, tendrá una referencia directa a un gran porcentaje de los nuevos kanji que encuentre, ¡así de fácil!

COMPONENTES DE SONIDO

Mientras que los componentes de significado suelen estar en el lado izquierdo de un kanji, en el lado derecho está lo que se conoce como componente de sonido. La mayoría de los kanji tienen un radical que proporciona una pista sobre el significado y un componente sonoro que da una pista sobre el sonido, además de diferenciar el carácter de otros con el mismo componente de significado. Hay que tener en cuenta que el componente sonoro solo da una pista sobre la lectura prestada en chino, el onyomi, y no sobre la lectura nativa japonesa del carácter (también conocida como kunyomi), si es que la tiene.

Por ejemplo, un componente sonoro común que hay que recordar es el derivado del carácter 方 (que significa "dirección/lado", con onyomi que se lee hou). Este carácter indica el sonido de cada uno de estos caracteres: 肪 (bou), 枋 (hou), 彷 (hou), 訪 (hou), 防 (bou), y muchos más. Como se puede ver en los que se leen como bou, no es un sistema perfecto, pero la mayoría de las veces, si el onyomi no es el mismo que el carácter del que deriva el componente sonoro, tendrá al menos el sonido consonántico o vocálico en común.

CAMBIOS DE SONIDO EN EL PASO DEL CHINO AL JAPONÉS

Como ya se ha dicho, el chino y el japonés no son lenguas relacionadas genéticamente (es decir, no proceden de una lengua ancestral común). Sin embargo, al igual que ocurre con el inglés y el francés, los miles de años de intercambio cultural entre ambas civilizaciones hacen que muchas palabras tanto en chino como en japonés, sobre todo las que describen conceptos y procesos más complejos, suenen a veces bastante similares.

Por ejemplo, en el mandarín moderno la palabra para montaña se pronuncia shān y se escribe 山. Del mismo modo, en japonés, 山 se lee como "yama" en la pronunciación nativa japonesa, pero se lee como "san", muy similar a la china, cuando se adjunta al final del nombre de una montaña, lo mismo que decimos "monte ____" en español. Así, si quisiéramos escribir "monte Helena" en japonés, sería "ヘレナ山", leído como "here-na-san". Cambios como estos son muy comunes en japonés, y cualquiera que tenga un conocimiento, aunque sea somero, del chino llegará a su estudio del japonés con una enorme ventaja, y viceversa.

LECTURAS EN KANJI: KUN'YOMI Y ON'YOMI

Como se ha dicho anteriormente, cada carácter kanji japonés tiene al menos una lectura, pero la mayoría tienen 2 o más formas de pronunciarse cuando se leen, una es lo que se conoce como lectura kun'yomi, y otra que se llama lectura on'yomi. El kun'yomi se utiliza cuando se escriben palabras nativas japonesas con caracteres chinos, utilizando la pronunciación nativa japonesa. Por otro lado, el on'yomi es la pronunciación que el carácter tenía originalmente en chino, con alteraciones para adaptarse al conjunto de fonemas del japonés (todos los sonidos que componen el idioma). Por ello, el on'yomi se utiliza con mayor frecuencia cuando el kanji se coloca junto a otro kanji en la misma palabra, ya que la palabra completa probablemente se tomó prestada de una palabra china.

De este modo, se podría pensar que un kanji tiene (normalmente) una lectura, el on'yomi, que incluso significa "lectura de sonido", mientras que el kun'yomi, que significa aproximadamente "lectura de significado", está destinado a representar una palabra japonesa nativa como una especie de atajo visual.

Como probablemente pueda imaginar, la decisión de utilizar una de estas lecturas cuando se lee en voz alta es una de las partes del idioma más difíciles de entender para los estudiantes de japonés, y es en gran medida una de esas cosas que simplemente requiere tiempo para recordar la lectura para cada frase o contexto en el que se encuentra un carácter. Sin embargo, existen algunas reglas generales sobre cuándo utilizar una u otra. Como se ha mencionado anteriormente, si dos kanji están juntos en la misma palabra, hay una gran probabilidad de que ambos caracteres se lean con su on'yomi. Si el kanji está solo, o junto al hiragana, es probable que se lea con su kun'yomi. Como forma fácil de recordar esto, observe que cuando el kanji está junto a caracteres prestados del chino (es decir, otros kanji), utilizará la lectura prestada del chino, pero cuando el kanji está junto a caracteres nativos del japonés (es decir, hiragana) utilizará la pronunciación nativa del japonés.

Además, los nombres japoneses de personas y lugares utilizarán casi siempre el kun'yomi. Por supuesto, como ocurre con cualquier regla del idioma, estas reglas tienen muchas excepciones que, lamentablemente, requerirán mucho ensayo y error para ser memorizadas. Algunas palabras incluso utilizan el mismo carácter pero significan cosas diferentes dependiendo de si se utiliza el on'yomi o el kun'yomi. Pero con el tiempo todo empezará a tener sentido, y las reglas básicas que he expuesto lo llevarán triunfalmente a través de un gran porcentaje de las palabras que encuentre.

ORDEN DE LOS TRAZOS

Al escribir el kanji, cada carácter tiene un método específico de escritura que es la forma "correcta" de escribirlo. Esto se conoce como el orden de los trazos. Sin embargo, no hay que preocuparse demasiado, ya que hay algunas reglas sencillas que se pueden seguir y que sirven de guía para todos los kanji que se utilizan en la vida cotidiana y más allá, e incluso pueden ayudar a recordar kanji que de otro modo se olvidarían. ¿Recuerda los radicales, de antes? Estos pequeños componentes son especialmente importantes para entender el orden de los trazos sin demasiadas vueltas. En pocas palabras, cada radical se escribe en un orden específico, que es (casi) siempre de izquierda a derecha y de arriba a abajo. Del mismo modo, los kanji se escriben radical por radical, de izquierda a derecha y de arriba a abajo. Recordando nuestra discusión anterior sobre los componentes de significado y los componentes de sonido, esto significa que se escribirá primero el componente de significado, que está a la izquierda, y luego el componente de sonido, que suele estar a la derecha. Como es mi eslogan en este punto, hay excepciones a esto, como el componente de significado 辶 ("camino" o "avanzando"), que suele ser el último radical que se escribe en un kanji, pero estas reglas lo ayudarán. escribir el 90% de los caracteres del idioma sin problemas.

Así que, al igual que recordar los radicales le ayudará a leer y entender el kanji, recordar el orden de los trazos le ayudará a recordar cómo escribir el kanji, porque le permite ver no un revoltijo de líneas y guiones, sino un símbolo coherente con una forma estándar y regular de producir uno mismo que es igual que el de los demás. El orden correcto de los trazos es también una parte importante de la buena escritura, ya que es muy difícil mantener el equilibrio y el tamaño correctos de cada trazo si lo escribe sin orden ni concierto. Y, en la era moderna, el orden de los trazos es muy importante cuando se dibuja un carácter en una pantalla táctil, para buscar la lectura de un kanji en un libro, por ejemplo. Debido a lo mencionado anteriormente, como que el componente de significado suele escribirse primero, los ordenadores tendrán en cuenta el trazo para reconocer el carácter que se dibuja en la pantalla. Si no se escribe en el orden correcto de los trazos, es mucho menos probable que el procesador reconozca el carácter correcto que se está buscando, por lo que hay que tener mucho cuidado cuando se estudia con un smartphone.

PUNTOS Y RAYAS: ESCRIBIENDO KANJI UNO MISMO

Así que eso es todo. Una historia completa y una guía para el aprendizaje de esta desafiante pero hermosa parte de la lengua japonesa. Si ha leído hasta aquí, entonces ya tiene un conocimiento considerable de las muchas piezas entrelazadas que componen la forma, el sonido y el significado en cada carácter, y ahora la única pregunta que queda es: "¿Cómo puedo escribirlos por mi cuenta?"

Por supuesto, el arte de la caligrafía japonesa es para algunos un viaje de por vida hacia la maestría, y al igual que los maestros calígrafos, no adquirirá una escritura perfecta de la noche a la mañana. Sin embargo, estas directrices y principios básicos le ayudarán en el camino hacia unos caracteres perfectamente equilibrados y hermosos.

Como ocurre con muchos sistemas de escritura, muchos kanji son muy similares entre sí, y sus significados pueden cambiar completamente en función de pequeñas diferencias. Por ejemplo, ¿se ha fijado alguna vez en lo similares que son una "f" minúscula y una "t" minúscula? Al igual que en español, más que en el tamaño absoluto, estas diferencias se reconocen en las longitudes relativas de los trazos con respecto a otros dentro del carácter. Por ejemplo, dos kanji que encontrará bastante pronto en su estudio, 土 (DO, "tierra") y 士 (SHI, "guerrero") se diferencian sólo por cuál de los dos trazos es más largo, como puede ver. Lo mismo ocurre con 未 (MI, "todavía no") y 末 (MATSU, "fin"), otros dos caracteres comunes. Por suerte, los conceptos representados por estos kanji son lo suficientemente diferentes como para que solo en raras ocasiones se confunda a alguien si se escribe accidentalmente el equivocado, pero llevar la cuenta de las longitudes de cada trazo en relación con los demás en cada carácter que se encuentre es una forma rápida de empezar a escribir kanji más equilibrados y precisos.

Del mismo modo, dejar espacio libre en algunos caracteres en lugar de amontonarlo todo es importante para una escritura limpia y legible. Por ejemplo, 八, el carácter para el 8, empezaría a parecerse rápidamente a 入 (hai-ru, "entrar") sin ese espacio crucial en el centro, donde los trazos están separados.

Estos últimos consejos no se refieren tanto a la escritura accidental de un carácter incorrecto como a la escritura tradicional de los caracteres para que la letra no parezca poco natural. Cuando escriba, preste especial atención a los trazos que se cruzan y a la forma en que se entrecruzan. Cuando dos trazos se tocan, estos se cruzan y un trazo sobresale de la otra línea, o forman una T sin que sobresalga nada.

Por ejemplo, el carácter 止 (to-meru, "parada") tiene todos sus trazos enfrentados, pero ninguno de ellos continúa más allá de la línea que tocan. Compárese con el carácter 生 (SEI, "vida"), que tiene muchos trazos que se cruzan. Por otro lado, en el caso de los trazos que no se cruzan, cuando se llega al final de un trazo, hay tres formas principales de terminarlo. Está el punto final, en el que la pluma o el pincel se detienen por completo al final del trazo. Si observamos a 止, podemos ver que todos los trazos terminan en un punto final. Esto contrasta con una línea de pincel persistente, que básicamente se desvanece a medida que se aplica menos presión a lo largo del trazo. Los caracteres con trazos diagonales hacia abajo, como 大, 人, 木, 本, etc., utilizan este trazo persistente. La última de las formas habituales de ver terminados los trazos es con una curva o un gancho. Los ganchos son más o menos autoexplicativos; a veces cuando se termina un trazo, se engancha hacia abajo o hacia arriba en un ángulo casi recto con respecto a la línea original. Este gancho está muy acentuado en los kanji con el radical "alabarda", como 戈, 式, o 代, como se puede ver, pero también está presente en el lado derecho del "sombrero" en 学 (GAKU, "aprendizaje").

Las líneas curvas se ven con más frecuencia en pares en la parte inferior de los caracteres, con una que va en cada dirección. Algunos ejemplos serían 兵, 穴 y 典. En la escritura a mano, la curva izquierda suele ser más corta y recta, mientras que la derecha es menos angulosa y tarda más en desaparecer de la página. Una variante común de este patrón de dos curvas en la parte inferior tiene un gancho al final, como en 見 o 兄.

Ahora usted puede entrar con confianza en el estudio del kanji con una gran ventaja en las reglas y tradiciones del sistema de escritura. El conocimiento de los radicales y la mnemotecnia lo impulsa a la memorización, los componentes de sonido a veces le darán un atajo si sabe cómo se pronuncia el componente de sonido, y su conocimiento del orden de los trazos y las pautas de escritura le permitirán aprender y escribir hermosos caracteres desde el primer día. ¡Buena suerte y 頑張りましょう (esfuércese)!

Parte 2

CARTILLAS DE HIRIGANA Y KATAKANA

Esta tabla muestra los 46 Hiragana básicos con una ortografía en Romaji para un sonido fonético similar. Los sonidos vocálicos están en la parte superior y sus versiones homólogas con sonidos consonánticos se muestran debajo. **Nótese la excepción 'n' - también,

Sonidos vocales

	a	i	u	e	o
	あ a	い i	う u	え e	お o
k	か ka	き ki	く ku	け ke	こ ko
s	さ sa	し shi	す su	せ se	そ so
t	た ta	ち chi	つ tsu	て te	と to
n	な na	に ni	ぬ nu	ね ne	の no
h	は ha	ひ hi	ふ fu	へ he	ほ ho
m	ま ma	み mi	む mu	め me	も mo
y	や ya		ゆ yu		よ yo
r	ら ra	り ri	る ru	れ re	ろ ro
w	わ wa		ん **n		を *wo

Consonantes

DIACRÍTICAS

Además del Hiragana básico, existen 25 símbolos diacríticos. Se trata de sílabas de sonido similar que se pronuncian de forma diferente. Son esencialmente los mismos símbolos básicos pero con marcas adicionales para indicar que deben pronunciarse con un sonido ligeramente alterado:

Básico   con Dakuten   con Handakuten

El Hiragana básico con estos pequeños trazos (Dakuten) o un círculo (Handakuten) sobre ellos muestra que hay que cambiar la parte consonante del sonido al pronunciarlo:

- Los sonidos k se pronuncian con un sonido g.
- Los sonidos s cambian a un sonido z (excepto し).
- **Los sonidos t se convierten en sonidos d.**
- Los sonidos h se convierten en sonidos b con Dakuten.
- ....o sonidos P con el Handakuten.

	a	i	u	e	o
k ▶ g	が ga	ぎ gi	ぐ gu	げ ge	ご go
s ▶ z	ざ za	じ ji	ず zu	ぜ ze	ぞ zo
t ▶ d	だ da	ぢ dzi (ji)	づ dzu	で de	ど do
h ▶ b	ば ba	び bi	ぶ bu	べ be	ぼ bo
h ▶ p	ぱ pa	ぴ pi	ぷ pu	ぺ pe	ぽ po

DÍGRAFOS

Este conjunto de símbolos se denominan dígrafos: utilizando dos caracteres básicos que ya hemos visto, muestran dónde se combinan dos sonidos silábicos para crear uno nuevo:

き ＋ や ＝ きゃ
(ki)　(ya)　　(kya)

Al escribir estas letras, es fundamental que el segundo símbolo se dibuje notablemente más pequeño que el primero. De este modo, podemos saber que los dos sonidos deben combinarse.

La pronunciación de los llamados sonidos compuestos del Hiragana es bastante sencilla; por ejemplo, き (ki) + や (ya) se convierte en きゃ (kya) y lo pronunciamos como 'kiya' sin el sonido 'i'.

¡No permita que el cuadro de abajo le asuste: todos los dígrafos están hechos exclusivamente con letras de la columna い/i (excluyéndose a sí mismo) y solo son modificados por letras de la fila Y!

きゃ	きゅ	きょ		ぎゃ	ぎゅ	ぎょ
kya	kyu	kyo		gya	gyu	gyo
しゃ	しゅ	しょ		じゃ	じゅ	じょ
sha	shu	sho		ja	ju	jo
ちゃ	ちゅ	ちょ		にゃ	にゅ	にょ
cha	chu	cho		nya	nyu	nyo
ひゃ	ひゅ	ひょ		びゃ	びゅ	びょ
hya	hyu	hyo		bya	byu	byo
ぴゃ	ぴゅ	ぴょ		りゃ	りゅ	りょ
pya	pyu	pyo		rya	ryu	ryo
みゃ	みゅ	みょ				
mya	myu	myo				

CONSONANTES DOBLE

También debemos tener en cuenta que algunas palabras japonesas contienen un sonido consonántico doble. Al escribir estas palabras, añadimos un símbolo extra en forma de una pequeña つ/tsu (llamada sokuon) para mostrar que debe pronunciarse de forma diferente. Veamos un ejemplo:

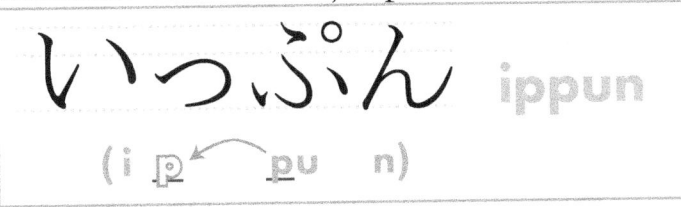

Sin la pequeña つ (tsu), la palabra いぷん (ipun) no tiene ningún significado pero いっぷん (ippun), con el sokuon, significa (un) minuto.

Observe que la pequeña つ se coloca antes del carácter del que toma el sonido consonántico adicional. Cuando vea palabras con este modificador, la parte consonante del símbolo que le sigue (en este ejemplo, la 'p' de 'pu') se añade al final del sonido anterior.

Ambas consonantes deben oírse por separado al pronunciar la palabra, como si se dijera "ip-pun" pero sin dejar un hueco que pueda oírse.

SONIDOS VOCÁLICOS LARGOS

Al igual que hay sonidos consonánticos dobles, también debemos tener en cuenta los sonidos vocálicos alargados (es decir, aa, ee, ii, oo y uu). Al hablar, simplemente alargamos la duración del sonido (normalmente doble), pero al escribir estas palabras, el sonido vocálico largo se muestra con un carácter adicional (llamado chouon). El carácter utilizado varía en función de la vocal:

Vowel	Extender
a	あ
i / e	い
u / o	う

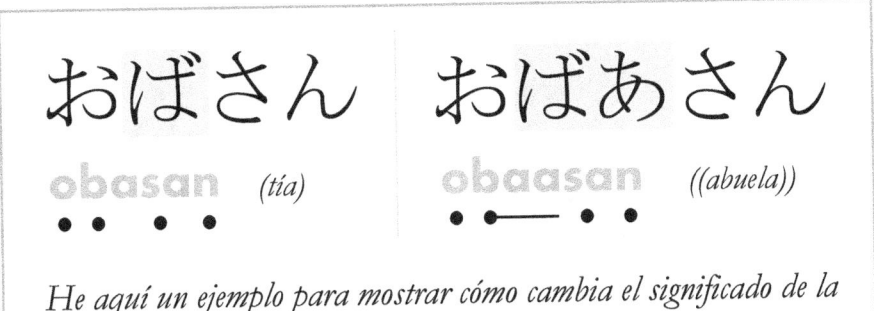

He aquí un ejemplo para mostrar cómo cambia el significado de la palabra al añadir (o no) el sonido de la vocal más larga.

El idioma japonés está lleno de excepciones, pero suelen aprenderse con la experiencia. De momento, resulta útil conocer las consonantes y vocales dobles para poder entenderlas cuando las vea.

Esta tabla muestra los 46 katakana básicos con una ortografía en romaji para un sonido fonético similar. Los sonidos vocálicos están en la parte superior y sus versiones homólogas con sonidos consonánticos se muestran debajo. **Nótese la excepción 'n' - también,

Sonidos vocales

	a	i	u	e	o
	ア a	イ i	ウ u	エ e	オ o
k	カ ka	キ ki	ク ku	ケ ke	コ ko
s	サ sa	シ shi	ス su	セ se	ソ so
t	タ ta	チ chi	ツ tsu	テ te	ト to
n	ナ na	ニ ni	ヌ nu	ネ ne	ノ no
h	ハ ha	ヒ hi	フ fu	ヘ he	ホ ho
m	マ ma	ミ mi	ム mu	メ me	モ mo
y	ヤ ya		ユ yu		ヨ yo
r	ラ ra	リ ri	ル ru	レ re	ロ ro
w	ワ wa		ン **n		ヲ *wo

Consonantes

DIACRÍTICAS

Al igual que el hiragana, existen 25 símbolos diacríticos en katakana. Se utilizan de la misma manera, para mostrar cuando las sílabas de sonido similar deben ser vocalizadas de manera diferente. Y lo que es más conveniente, las marcas para mostrar este cambio de sonido son idénticas:

Básico   *con Dakuten*   *con Handakuten*

Las reglas para los símbolos diacríticos del katakana funcionan de la misma manera. Dakuten y Handakuten nos indican que la parte consonante del sonido debe cambiarse cuando se habla:

- **Los sonidos k se pronuncian con un sonido g.**
- **Los sonidos s cambian a un sonido z (excepto し).**
- **Los sonidos t se convierten en sonidos d.**
- **Los sonidos h se convierten en sonidos b con Dakuten.**
- ....o sonidos P con el Handakuten.

	a	i	u	e	o
k ▸ g	ガ ga	ギ gi	グ gu	ゲ ge	ゴ go
s ▸ z	ザ za	ジ ji	ズ zu	ゼ ze	ゾ zo
t ▸ d	ダ da	ヂ dzi (ji)	ツ dzu	デ de	ド do
h ▸ b	バ ba	ビ bi	ブ bu	ベ be	ボ bo
h ▸ p	パ pa	ピ pi	プ pu	ペ pe	ポ po

DÍGRAFOS

Aquí también están los dígrafos para el katakana: una vez más, utilizamos dos caracteres básicos para mostrar dónde se combinan dos sonidos silábicos para formar otro. Fácil, ¿verdad?

キ + ヤ = キャ

(ki)　　(ya)　　　(kya)

Los caracteres utilizados tienen los mismos sonidos que los dos Hiragana correspondientes. La importancia de escribir el segundo símbolo más pequeño que el primero sigue siendo válida.

La pronunciación de los llamados sonidos compuestos del katakana es igual de sencilla: por ejemplo, キ (ki) + ヤ (ya) se convierte en キャ (kya) y lo pronunciamos como 'kiya' sin el sonido 'i'.

Esta tabla parece compleja, pero recuerde que los dígrafos se hacen exclusivamente con letras de la columna イ/i (excluyéndose a sí misma) y se modifican con letras de la fila Y.

キャ	キュ	キョ		ギャ	ギュ	ギョ
kya	kyu	kyo		gya	gyu	gyo
シャ	シュ	ショ		ジャ	ジュ	ジョ
sha	shu	sho		ja	ju	jo
チャ	チュ	チョ		ニャ	ニュ	ニョ
cha	chu	cho		nya	nyu	nyo
ニャ	ヒュ	ヒョ		ビャ	ビュ	ビョ
hya	hyu	hyo		bya	byu	byo
ピャ	ピュ	ピョ		リャ	リュ	リョ
pya	pyu	pyo		rya	ryu	ryo
ミャ	ミュ	ミョ				
mya	myu	myo				

CONSONANTES DOBLE

También debemos tener en cuenta que algunas palabras japonesas contienen un sonido consonántico doble. Al escribir estas palabras, añadimos un símbolo extra en forma de una pequeña つ/tsu (llamada sokuon) para mostrar que debe pronunciarse de forma diferente. Veamos un ejemplo:

ペット

petto

(pe 〈〉 to)

Sin la pequeña つ (tsu), la palabra いぷん (ipun) no tiene ningún significado pero いっぷん (ippun), con el sokuon, significa (un) minuto.

Notice that the small ツ is placed **before** the character that it takes the extra consonant sound from. When you see words witObserve que la pequeña つ se coloca antes del carácter del que toma el sonido consonántico adicional. Cuando vea palabras con este modificador, la parte consonante del símbolo que le sigue (en este ejemplo, la 'p' de 'pu') se añade al final del sonido anterior.h this modifier, the consonant part of the symbol that

Ambas consonantes deben oírse por separado al pronunciar la palabra, como si se dijera "pet-to", pero sin dejar un hueco que pueda oírse.

SONIDOS VOCÁLICOS LARGOS

De todos modos tenemos que ser conscientes de los sonidos vocálicos alargados (es decir, aa, ee, ii, oo y uu). Cuando se habla, la duración del sonido se alarga (normalmente se duplica), pero cuando se escribe en katakana se utiliza una línea ー (llamada 伸ばし棒, que significa literalmente 'barra de estiramiento').

Este es uno de los aspectos en los que el katakana se diferencia del hiragana, aparte de las formas, ya que éste utiliza un símbolo vocálico adicional para denotar un sonido vocálico largo. Veamos algunos ejemplos:

フ + リ = フリー   ケ + キ = ケーキ

(fu) (ri)—   fu-rii *(libre)*   (ke)— (ki)   kee-ki *(pastel)*

Cabe destacar que la "barra de estiramiento" se gira a una línea vertical cuando el texto se escribe en vertical.

Parte 3

DIAGRAMAS DE ORDEN DE LOS TRAZOS

KANJI #	RADICAL	TRAZOS	SIGNIFICADO	UNICODE
0012	日	4	**día, sol, Japón, conteo de días**	65E5

ONYOMI

ニチ、 ジツ

nichi, jitsu

KUNYOMI

ひ、 -び、 -か

hi, -bi, -ka

VOCABULARIO

毎日(まいにち)　　**cada día**
今日 (きょう)　　**hoy**
昨日(きのう)　　**ayer**

明日(あした)　　**mañana**
休日（きゅうじつ）　**día libre**
日曜日(にちようび)　**domingo**

ORDEN DE LOS TRAZOS

Cómo se dibuja este Kanji

PRÁCTICA

Trace y practique el siguiente kanji

ESTILOS 日 日 日 日 日 日 日 日

KANJI #	RADICAL	TRAZOS	SIGNIFICADO		UNICODE
0001	一	1	uno		4E00

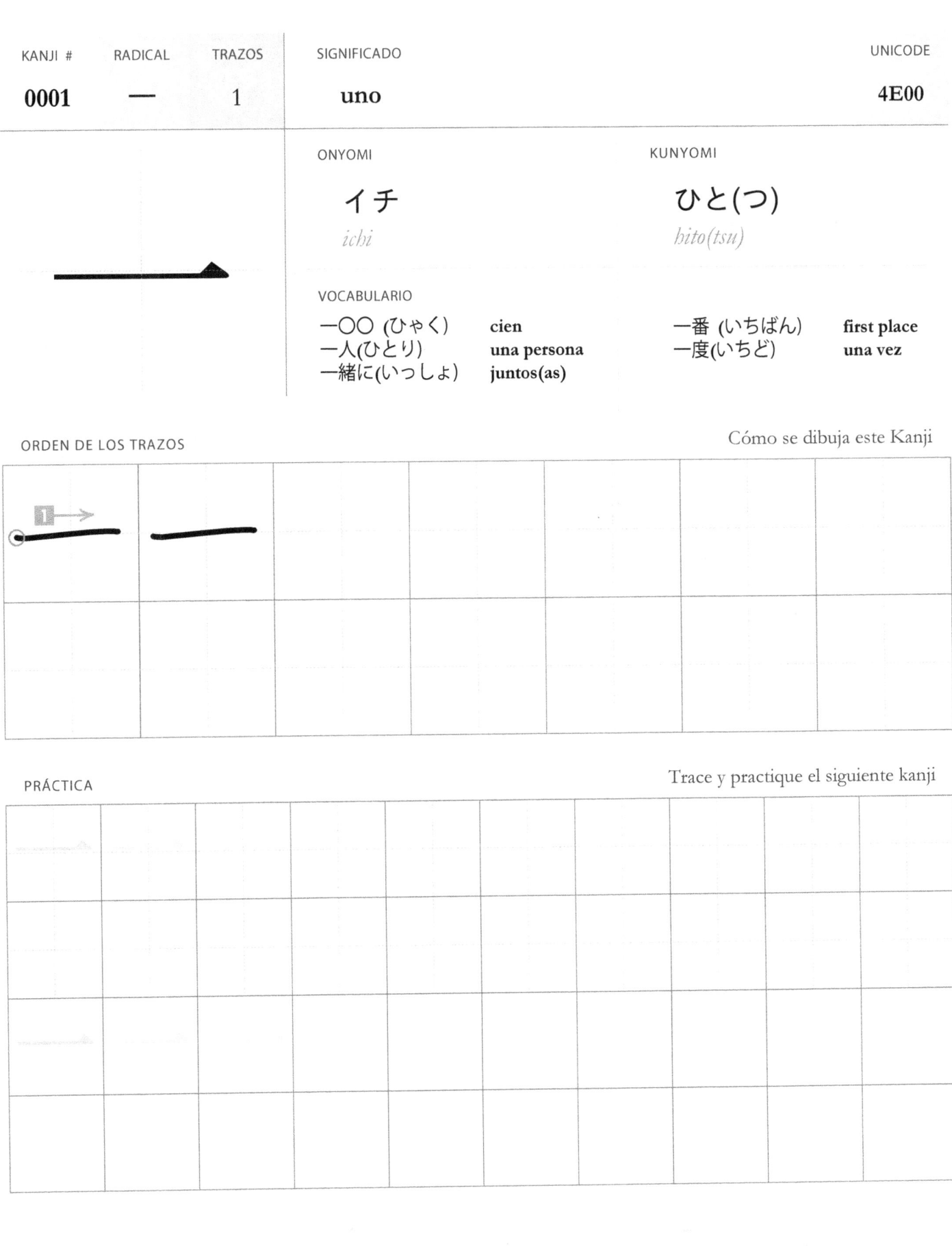

ONYOMI

イチ
ichi

KUNYOMI

ひと(つ)
hito(tsu)

VOCABULARIO

一〇〇 (ひゃく)　cien

一人(ひとり)　una persona

一緒に(いっしょ)　juntos(as)

一番 (いちばん)　first place

一度(いちど)　una vez

ORDEN DE LOS TRAZOS

Cómo se dibuja este Kanji

PRÁCTICA

Trace y practique el siguiente kanji

ESTILOS

KANJI #	RADICAL	TRAZOS	SIGNIFICADO	UNICODE
0624	口	8	**país**	**56FD**

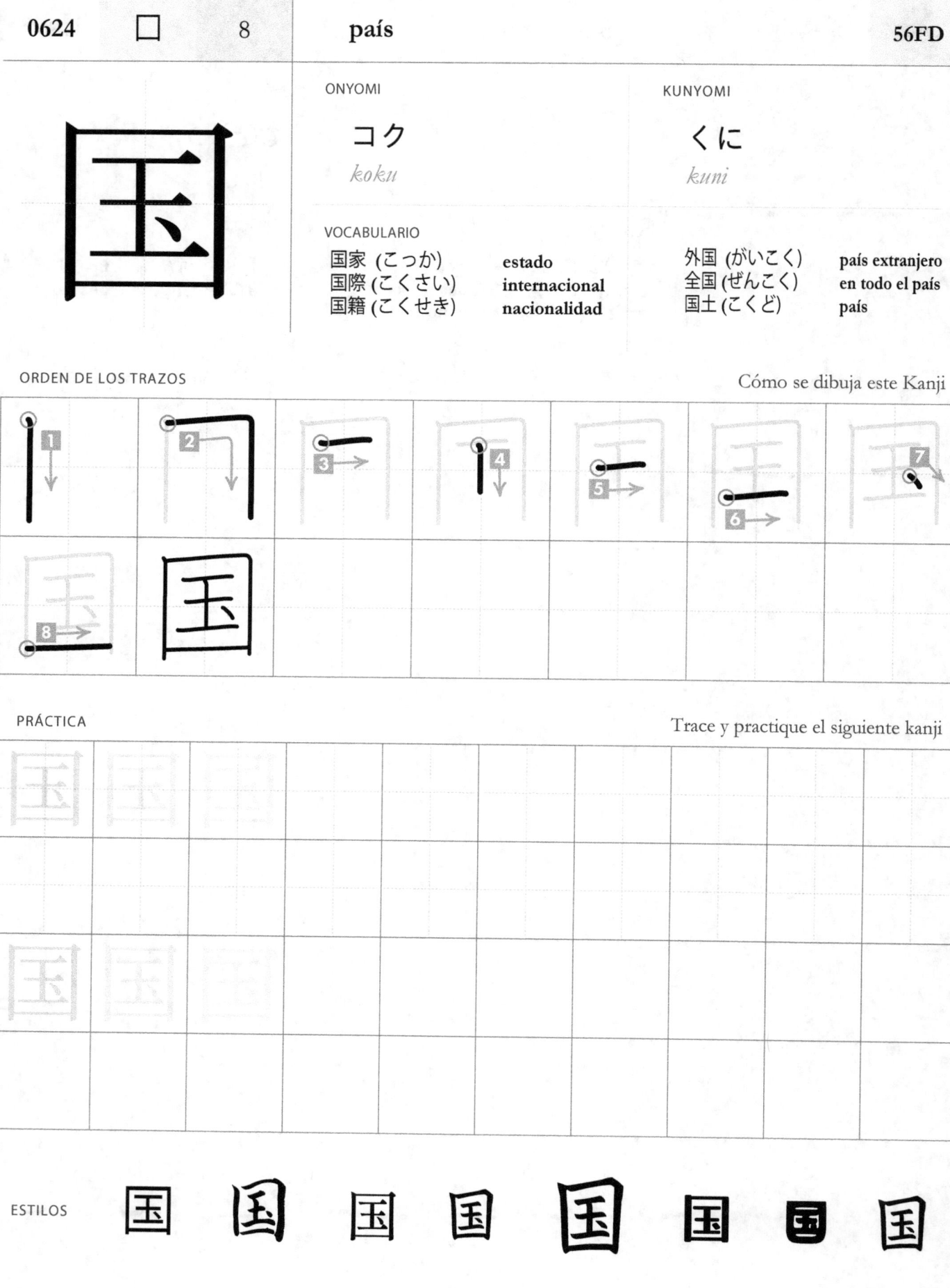

ONYOMI

コク
koku

KUNYOMI

くに
kuni

VOCABULARIO

国家 (こっか)　　estado
国際 (こくさい)　internacional
国籍 (こくせき)　nacionalidad

外国 (がいこく)　**país extranjero**
全国 (ぜんこく)　**en todo el país**
国土 (こくど)　　**país**

ORDEN DE LOS TRAZOS　　　　　　　　　　Cómo se dibuja este Kanji

PRÁCTICA　　　　　　　　　　Trace y practique el siguiente kanji

ESTILOS　　国　国　国　国　国　国　国　国

KANJI #	RADICAL	TRAZOS	SIGNIFICADO	UNICODE
0012	人	2	**persona**	**4EBA**

人

ONYOMI

ジン、ニン
jin, nin

KUNYOMI

ひと
hito

VOCABULARIO

人生 (じんせい)	vida	二人 (ふたり)	dos personas
人口 (じんこう)	población	犯人 (はんにん)	delincuente
人類 (じんるい)	humanidad	友人 (ゆうじん)	amigo

ORDEN DE LOS TRAZOS

Cómo se dibuja este Kanji

PRÁCTICA

Trace y practique el siguiente kanji

ESTILOS 人 人 人 人 人 人 人 人

29

KANJI #	RADICAL	TRAZOS	SIGNIFICADO	UNICODE
1114	干	6	año, conteo de años	5E74

年

ONYOMI

ネン
nen

KUNYOMI

とし
toshi

VOCABULARIO

年齢 (ねんれい)　edad; años
年月 (としつき)　mes y años
年金 (ねんきん)　anualidad; pensión

毎年 (まいとし)　cada año
今年 (ことし)　este año
来年 (らいねん)　el próximo año

ORDEN DE LOS TRAZOS

Cómo se dibuja este Kanji

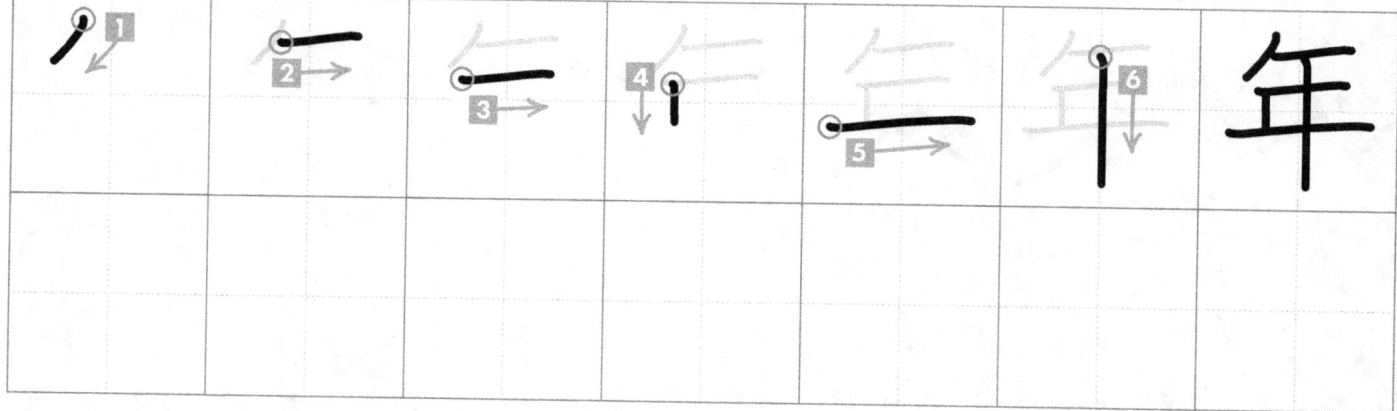

PRÁCTICA

Trace y practique el siguiente kanji

ESTILOS　年　年　年　年　年　年　年　年

KANJI #	RADICAL	TRAZOS	SIGNIFICADO	UNICODE
0112	大	3	largo, grande	5927

ONYOMI

ダイ、タイ

dai, tai

KUNYOMI

おお(きい)

oo(kii)

VOCABULARIO

大人 (おとな)　　adulto
大きい (おお)　　grande; largo
大会 (たいかい)　　convención

肥大 (ひだい)　　hinchar; ampliar
特大 (とくだい)　　extra grande
絶大 (ぜつだい)　　tremendo

ORDEN DE LOS TRAZOS

Cómo se dibuja este Kanji

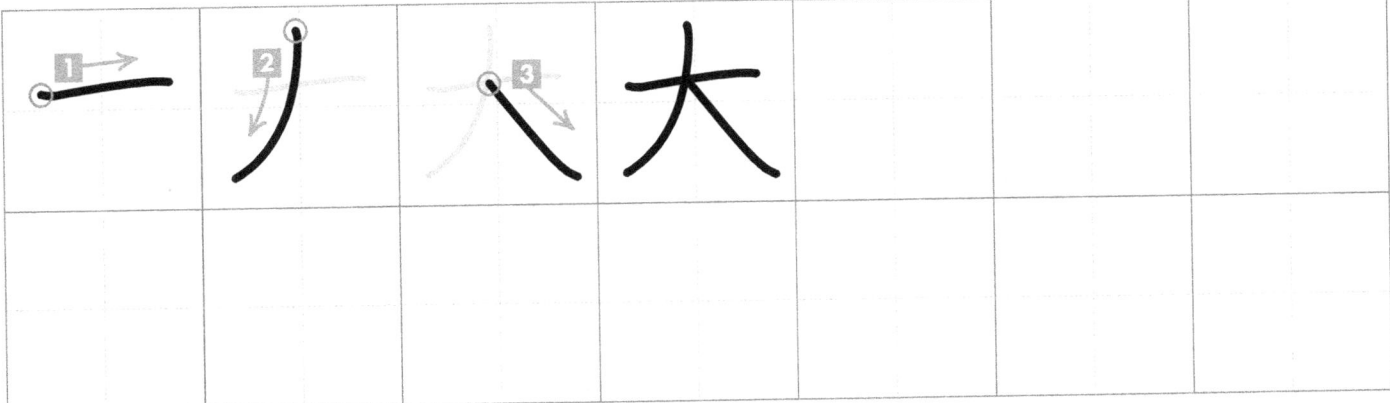

PRÁCTICA

Trace y practique el siguiente kanji

ESTILOS　大　大　大　大　大　大　★　大

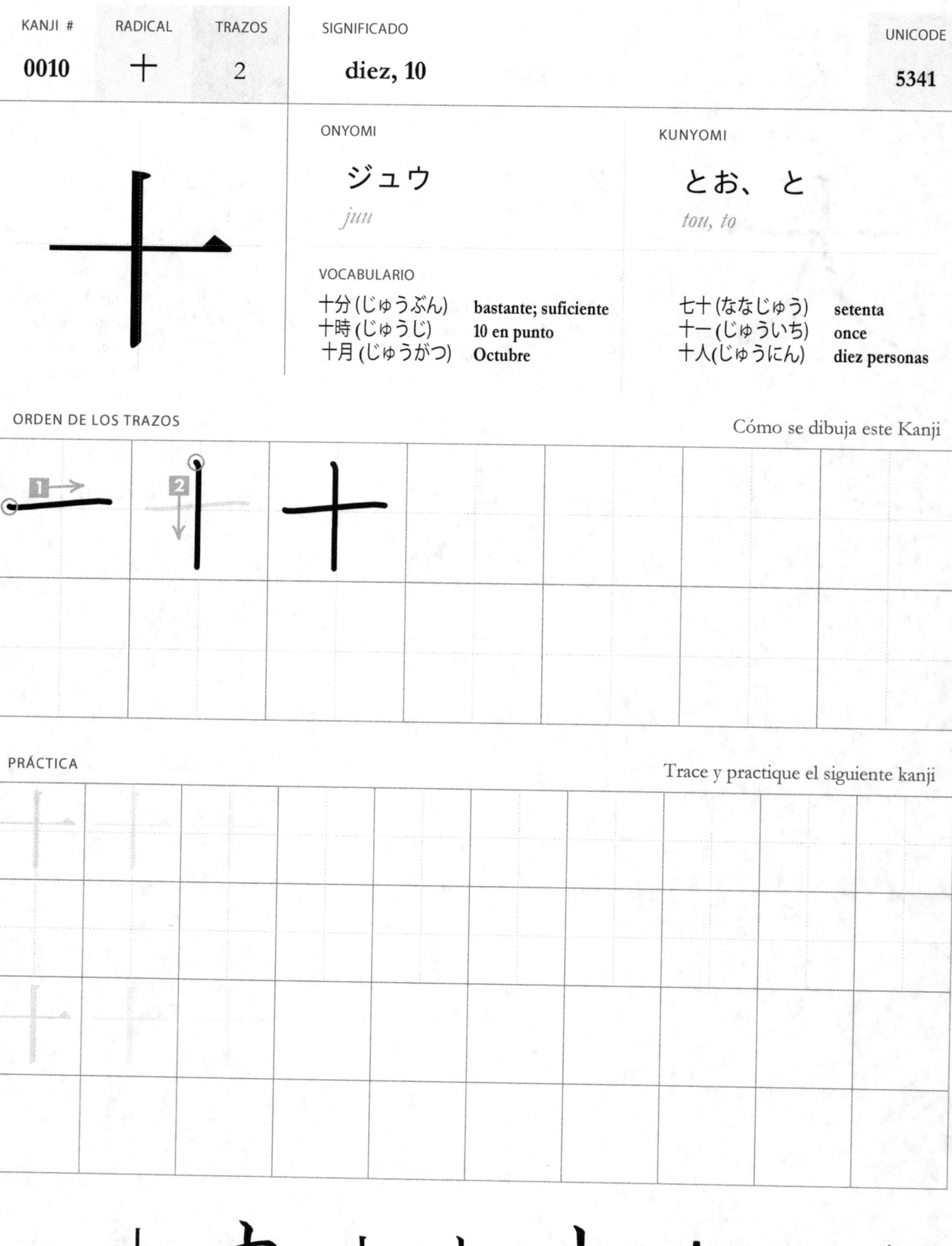

KANJI #	RADICAL	TRAZOS	SIGNIFICADO	UNICODE
0010	十	2	diez, 10	5341

ONYOMI

ジュウ

juu

KUNYOMI

とお、と

tou, to

VOCABULARIO

十分 (じゅうぶん)　bastante; suficiente
十時 (じゅうじ)　10 en punto
十月 (じゅうがつ)　Octubre

七十 (ななじゅう)　setenta
十一 (じゅういち)　once
十人 (じゅうにん)　diez personas

ORDEN DE LOS TRAZOS

Cómo se dibuja este Kanji

PRÁCTICA

Trace y practique el siguiente kanji

ESTILOS

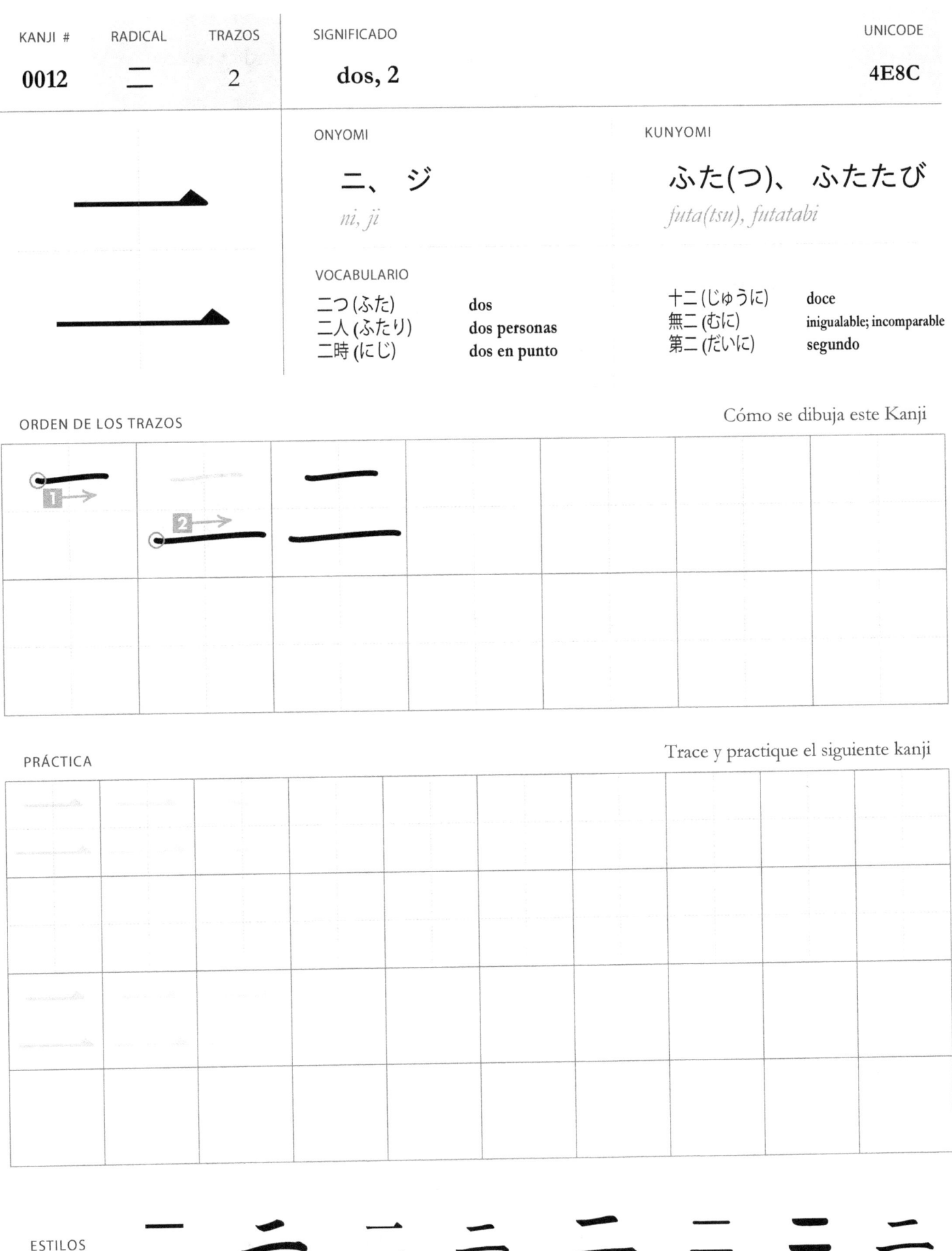

ONYOMI

ニ、ジ

ni, ji

KUNYOMI

ふた(つ)、 ふたたび

futa(tsu), futatabi

VOCABULARIO

二つ (ふた)	dos	十二 (じゅうに)	doce
二人 (ふたり)	dos personas	無二 (むに)	inigualable; incomparable
二時 (にじ)	dos en punto	第二 (だいに)	segundo

ORDEN DE LOS TRAZOS

Cómo se dibuja este Kanji

PRÁCTICA

Trace y practique el siguiente kanji

ESTILOS

KANJI #	RADICAL	TRAZOS	SIGNIFICADO	UNICODE
0224	木	5	libro, presente, verdadero, contador para cilindros largos	672C

ONYOMI

ホン

hon

KUNYOMI

もと

moto

VOCABULARIO

本来 (ほんらい) originalmente; principalmente
本名 (ほんみょう) nombre real
本日 (ほんじつ) hoy

日本 (にほん) Japón
基本 (きほん) fundamento; base
手本 (てほん) cuaderno

ORDEN DE LOS TRAZOS

Cómo se dibuja este Kanji

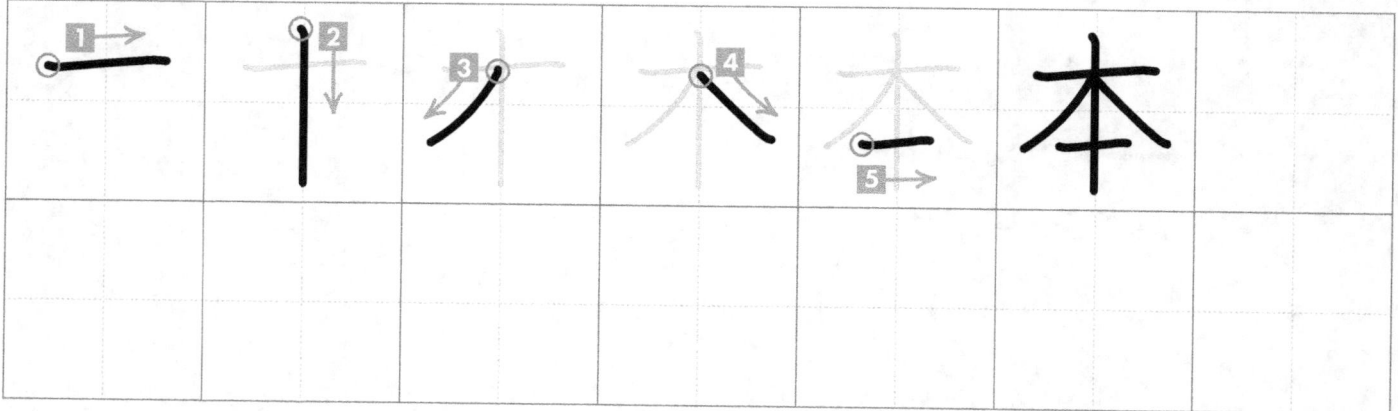

PRÁCTICA

Trace y practique el siguiente kanji

ESTILOS 本 本 本 本 本 本 本 本

ONYOMI

チュウ

chuu

KUNYOMI

なか、うち、あた(る)

naka, uchi, ata(ru)

VOCABULARIO

中国 (ちゅうごく) China
中止 (ちゅうし) suspensión
中身 (なかみ) contenido

途中 (とちゅう) en el camino
集中 (しゅうちゅう) concentración
市中 (しちゅう) en la ciudad

ORDEN DE LOS TRAZOS

Cómo se dibuja este Kanji

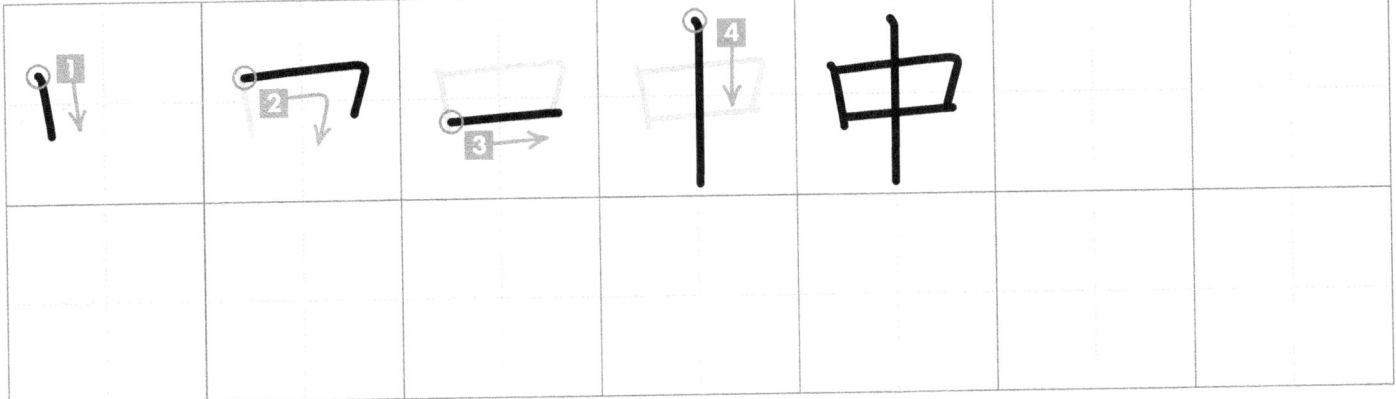

PRÁCTICA

Trace y practique el siguiente kanji

ESTILOS　中　中　中　中　中　中　中　中

KANJI #	RADICAL	TRAZOS	SIGNIFICADO	UNICODE
2070	長	8	largo, líder, superior, mayor	9577

ONYOMI

チョウ

chou

KUNYOMI

なが(い)、おさ

naga(i), osa

VOCABULARIO

長年 (ながねん) — mucho tiempo
長期 (ちょうき) — a largo plazo
長所 (ちょうしょ) — punto fuerte

社長 (しゃちょう) — presidente de la empresa
全長 (ぜんちょう) — longitud total
機長 (きちょう) — piloto

ORDEN DE LOS TRAZOS

Cómo se dibuja este Kanji

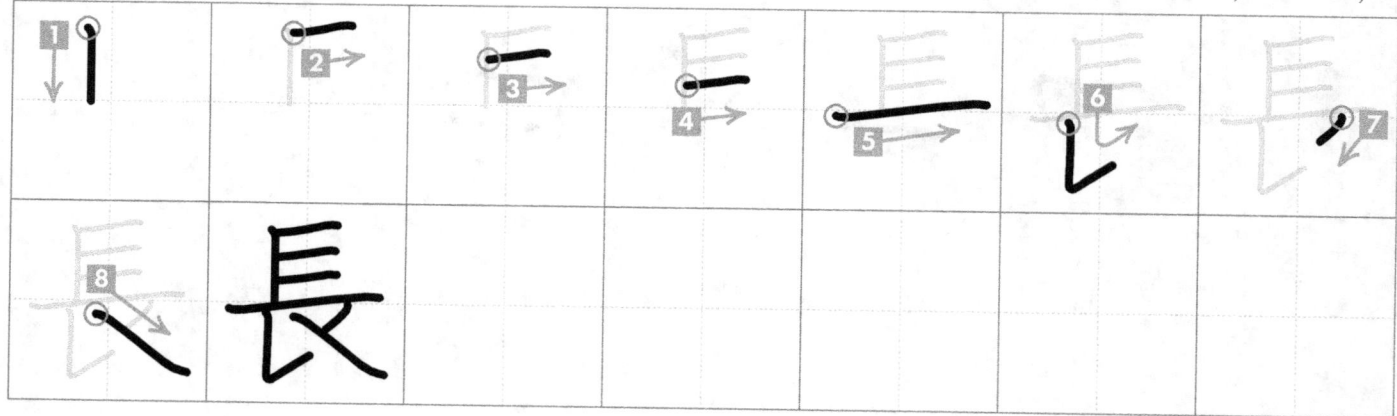

PRÁCTICA

Trace y practique el siguiente kanji

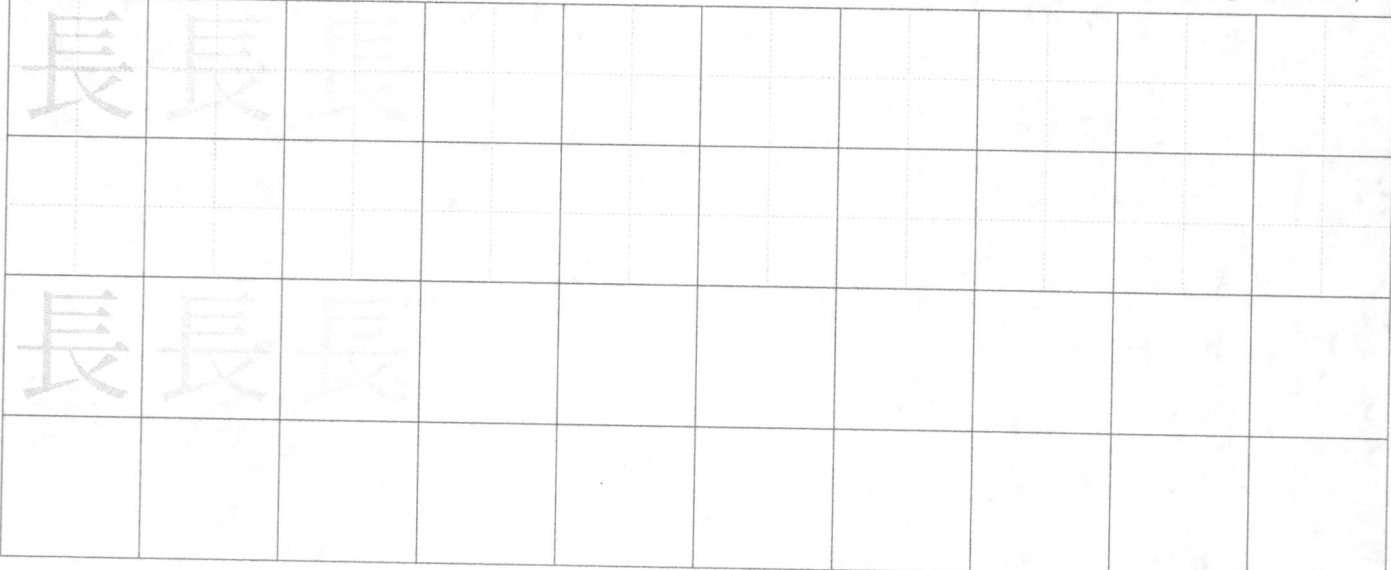

ESTILOS 長 長 長 長 長 長 長 長

KANJI #	RADICAL	TRAZOS	SIGNIFICADO	UNICODE
0829	凵	5	**salida, dejar, salir**	**51FA**

ONYOMI

シュツ、スイ

shutsu, sui

KUNYOMI

で(る)、だ(す)、い(でる)

de(ru), da(su), i(deru)

VOCABULARIO

出発 (しゅっぱつ)   partida
出口 (でぐち)   salida
出版 (しゅっぱん)   publicación

見出し (みだ)   rúbrica
演出 (えんしゅつ)   producción
出来事 (できごと)   incidente

ORDEN DE LOS TRAZOS

Cómo se dibuja este Kanji

PRÁCTICA

Trace y practique el siguiente kanji

ESTILOS   出   出   出   出   出   出   出   出

KANJI #	RADICAL	TRAZOS	SIGNIFICADO	UNICODE
0003	一	3	tres, 3	4E09

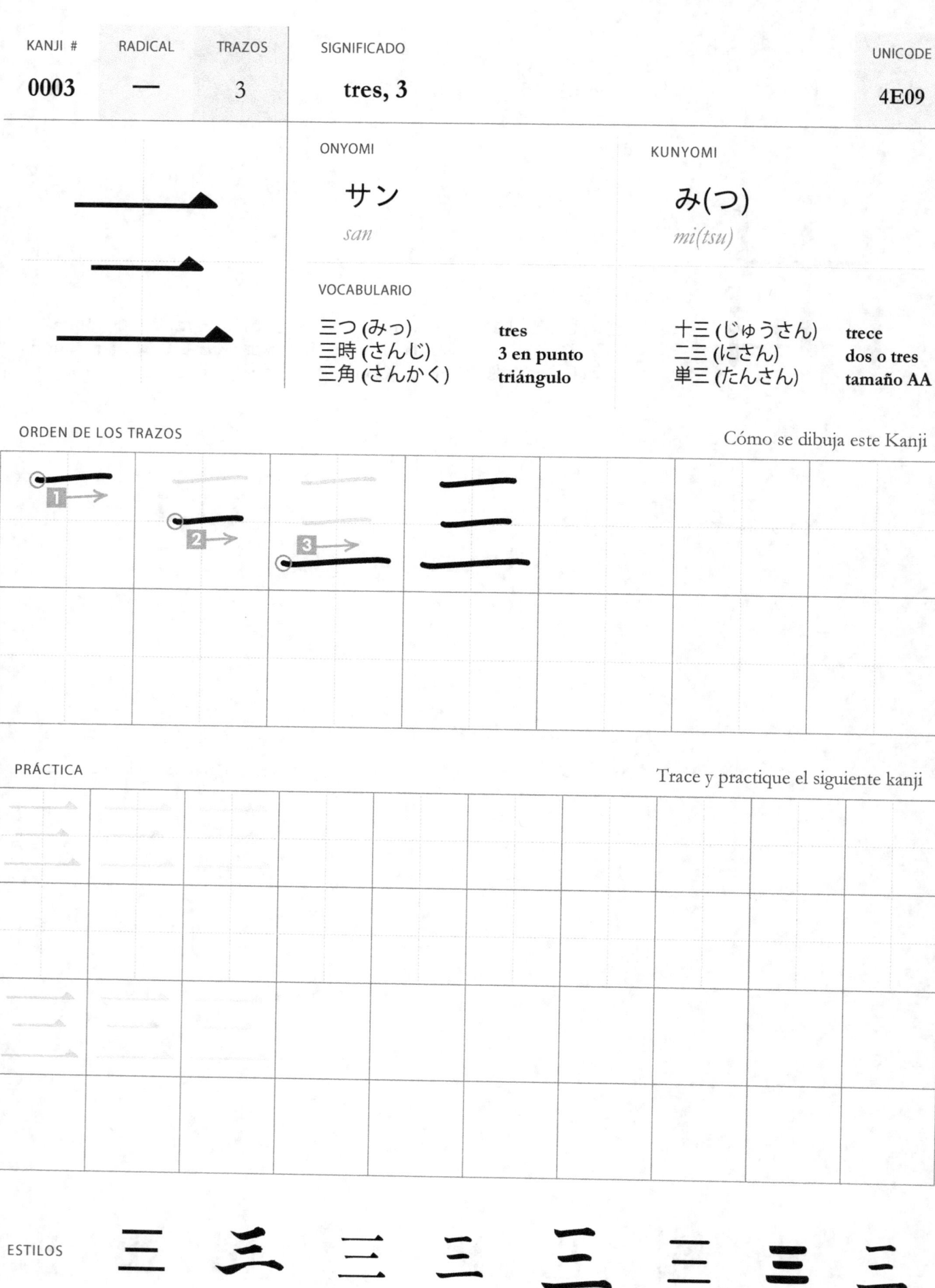

ONYOMI

サン

san

KUNYOMI

み(つ)

mi(tsu)

VOCABULARIO

三つ (みっ)	tres	十三 (じゅうさん)	trece
三時 (さんじ)	3 en punto	二三 (にさん)	dos o tres
三角 (さんかく)	triángulo	単三 (たんさん)	tamaño AA

ORDEN DE LOS TRAZOS

Cómo se dibuja este Kanji

PRÁCTICA

Trace y practique el siguiente kanji

ESTILOS

KANJI #	RADICAL	TRAZOS	SIGNIFICADO	UNICODE
0171	日	10	tiempo, hora	6642

時

ONYOMI

ジ

ji

KUNYOMI

とき、-どき

toki, doki

VOCABULARIO

時計 (とけい) — **reloj; reloj**
時半 (じはん) — **about an hour**
時差 (じさ) — **diferencia horaria**

日時 (にちじ) — **fecha y hora**
何時 (いつ) — **cuándo; cuán pronto**
同時 (どうじ) — **simultáneamente**

ORDEN DE LOS TRAZOS

Cómo se dibuja este Kanji

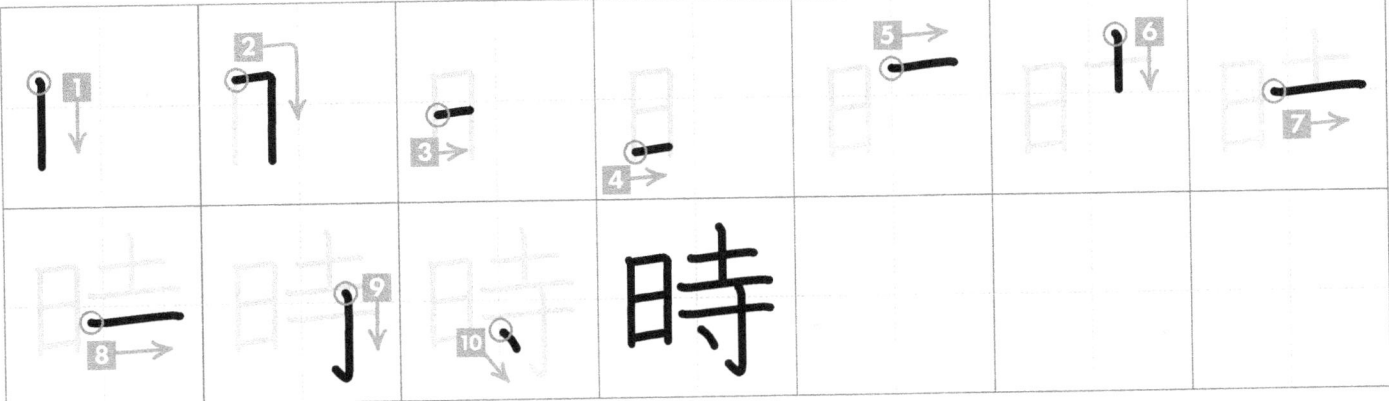

PRÁCTICA

Trace y practique el siguiente kanji

ESTILOS　時　時　時　時　時　時　時　時

KANJI #	RADICAL	TRAZOS	SIGNIFICADO	UNICODE
0938	行	6	ir, viaje, llevar a cabo, línea, fila	884C

ONYOMI

コウ、ギョウ、アン

kou, gyou, an

KUNYOMI

い(く)、ゆ(く)、
おこな(う)

i(ku), yu(ku), okona(u)

VOCABULARIO

行き (ゆ)	destinado a	旅行 (りょこう)	viajar; viaje
行事 (ぎょうじ)	evento; función	銀行 (ぎんこう)	banco
行政 (ぎょうせい)	administración	流行 (りゅうこう)	moda

ORDEN DE LOS TRAZOS

Cómo se dibuja este Kanji

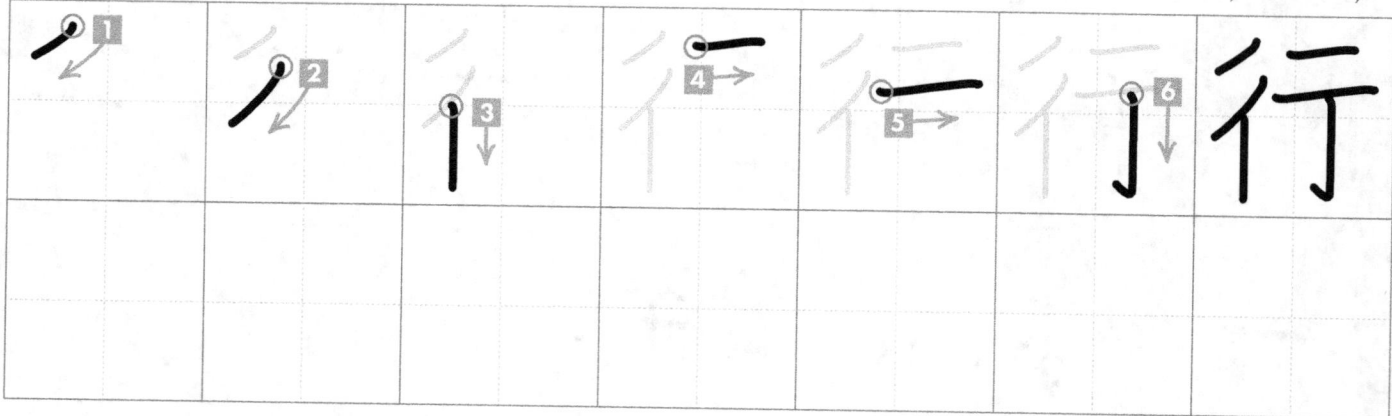

PRÁCTICA

Trace y practique el siguiente kanji

ESTILOS 行 行 行 行 行 行 行

KANJI #	RADICAL	TRAZOS	SIGNIFICADO	UNICODE
0061	見	7	ver, esperanzas, posibilidades, idea, opinión, mirar	898B

見

ONYOMI

ケン

ken

KUNYOMI

み(る)、 み(せる)

mi(ru), mi(seru)

VOCABULARIO

見る (み)	ver; mirar	発見 (はっけん)	descubrimiento
見出し (みだ)	encabezado	一見 (いっけん)	mirar; vislumbrar
見解 (けんかい)	opinión	会見 (かいけん)	entrevista

ORDEN DE LOS TRAZOS

Cómo se dibuja este Kanji

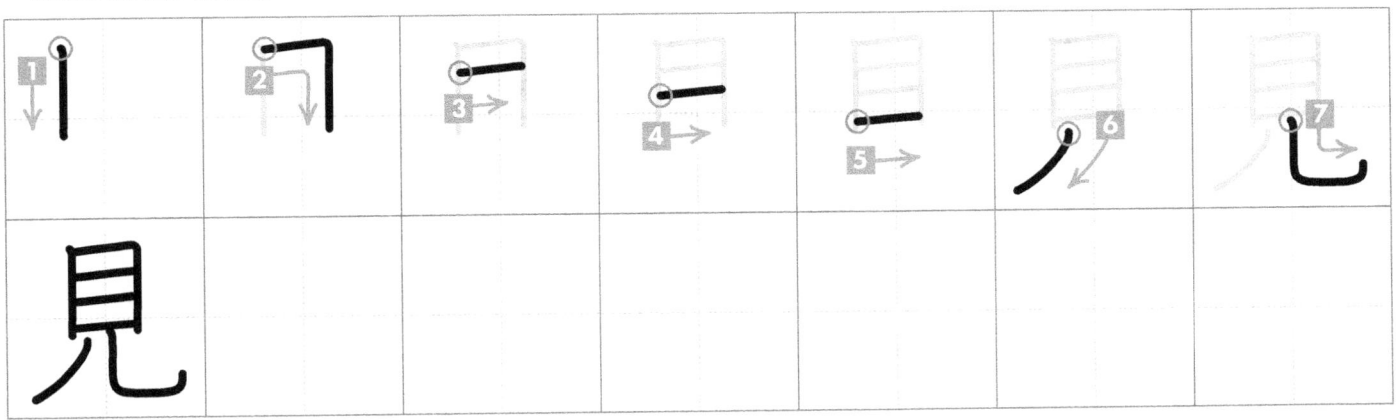

PRÁCTICA

Trace y practique el siguiente kanji

ESTILOS 見 見 見 見 見 見 見 見

KANJI #	RADICAL	TRAZOS	SIGNIFICADO	UNICODE
0013	日	4	**mes, luna**	6708

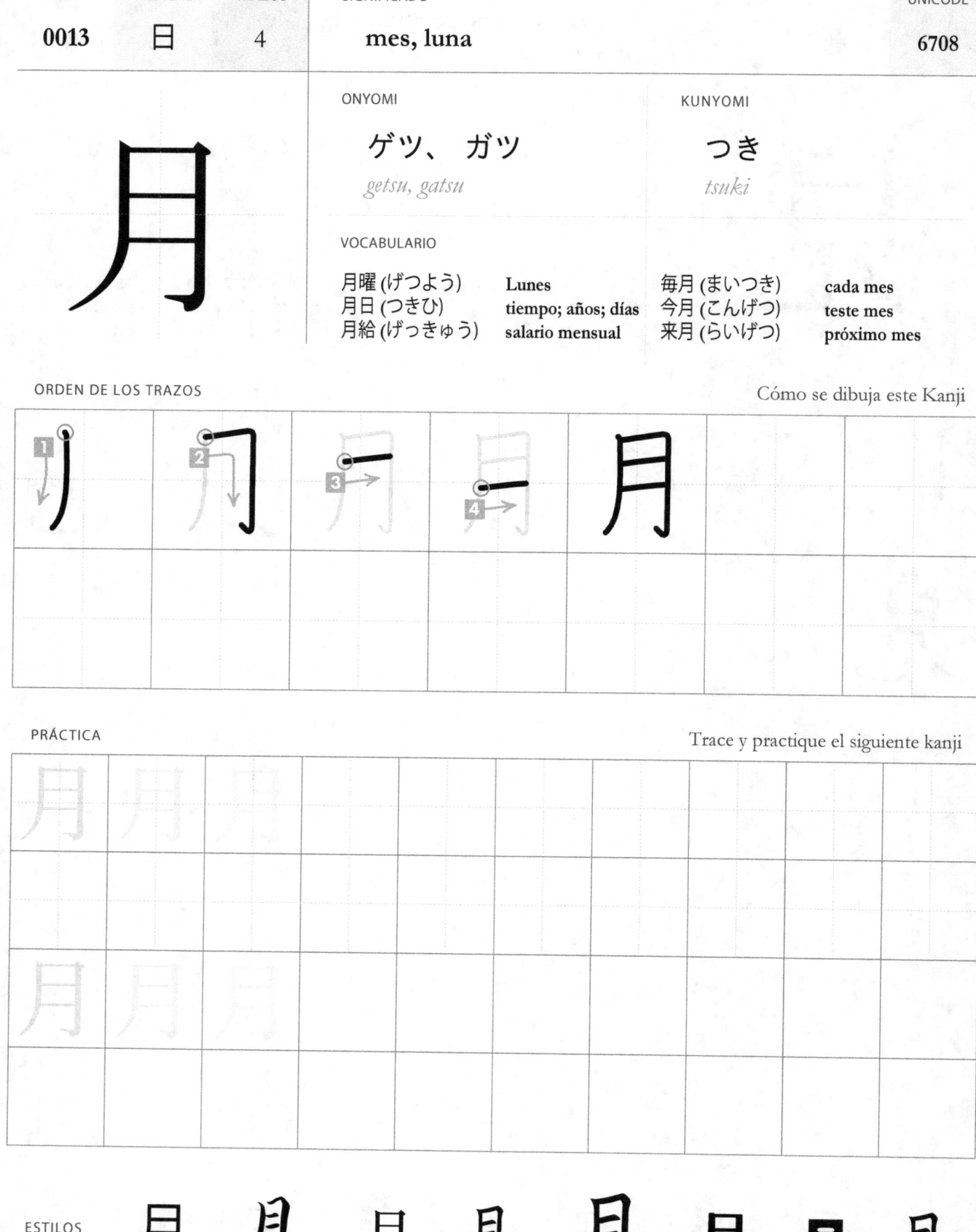

ONYOMI

ゲツ、ガツ

getsu, gatsu

KUNYOMI

つき

tsuki

VOCABULARIO

月曜 (げつよう)　　Lunes
月日 (つきひ)　　　tiempo; años; días
月給 (げっきゅう)　salario mensual

毎月 (まいつき)　　cada mes
今月 (こんげつ)　　teste mes
来月 (らいげつ)　　próximo mes

ORDEN DE LOS TRAZOS

Cómo se dibuja este Kanji

PRÁCTICA

Trace y practique el siguiente kanji

ESTILOS　月　月　月　月　月　月　月　月

KANJI #	RADICAL	TRAZOS	SIGNIFICADO	UNICODE
0844	刀	4	**parte, minuto de tiempo, entender**	5206

ONYOMI

ブン、フン、ブ

bun, fun, bu

KUNYOMI

わ(ける)

wa(keru)

VOCABULARIO

分かる (わ)   comprender
分野 (ぶんや)   campo; esfera
分析 (ぶんせき)   análisis

半分 (はんぶん)   medio
自分 (じぶん)   a mí mismo; a ti mismo
気分 (きぶん)   sentimiento; estado de ánimo

ORDEN DE LOS TRAZOS

Cómo se dibuja este Kanji

PRÁCTICA

Trace y practique el siguiente kanji

ESTILOS

KANJI #	RADICAL	TRAZOS	SIGNIFICADO	UNICODE
1479	彳	9	**detrás, atrás, más tarde**	**5F8C**

ONYOMI

ゴ、コウ

go, kou

KUNYOMI

のち、うし(ろ)、あと

nochi, ushi(ro), ato

VOCABULARIO

後ろ (うし)	atrás; detrás	今後 (こんご)	a partir de ahora
後半 (こうはん)	segundo tiempo	午後 (ごご)	por la tarde; p. m.
後で (あと)	después	前後 (ぜんご)	delante y detrás

ORDEN DE LOS TRAZOS   Cómo se dibuja este Kanji

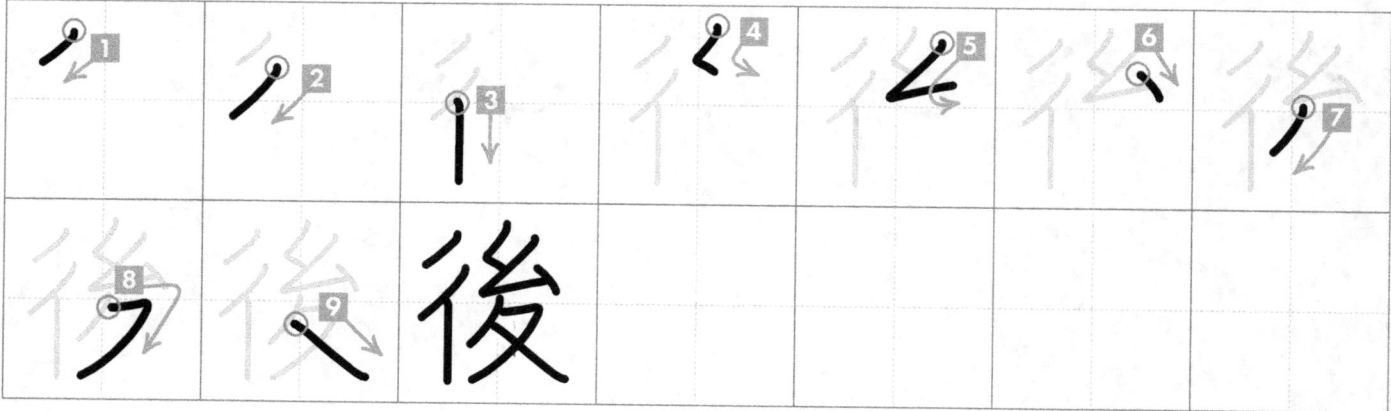

PRÁCTICA   Trace y practique el siguiente kanji

ESTILOS   後 後 後 後 後 後 後

前

ONYOMI

ゼン

zen

KUNYOMI

まえ

mae

VOCABULARIO

前半 (ぜんはん) — primera mitad
前進 (ぜんしん) — avanzar; conducir
前日 (ぜんじつ) — día anterior

名前 (なまえ) — nombre; nombre completo
午前 (ごぜん) — mañana; a. m.
出前 (でまえ) — catering; entrega a domicilio

ORDEN DE LOS TRAZOS

Cómo se dibuja este Kanji

PRÁCTICA

Trace y practique el siguiente kanji

ESTILOS 前 前 前 前 前 前 前 前

KANJI #	RADICAL	TRAZOS	SIGNIFICADO	UNICODE
1675	生	5	**vida, genuina, nacimiento**	**751F**

ONYOMI

セイ、ショウ

sei, shou

KUNYOMI い(きる), う(む)、
お(う)、は(える)、なま

i(kiru), u(mu), o(u), ha(eru), nama

VOCABULARIO

生徒 (せいと)   alumno
生きる (い)   vivir; existir
生命 (せいめい)   vida; existencia

学生 (がくせい)   alumno
先生 (せんせい))   profesor; maestro
一生 (いっしょう)   toda la vida

ORDEN DE LOS TRAZOS   Cómo se dibuja este Kanji

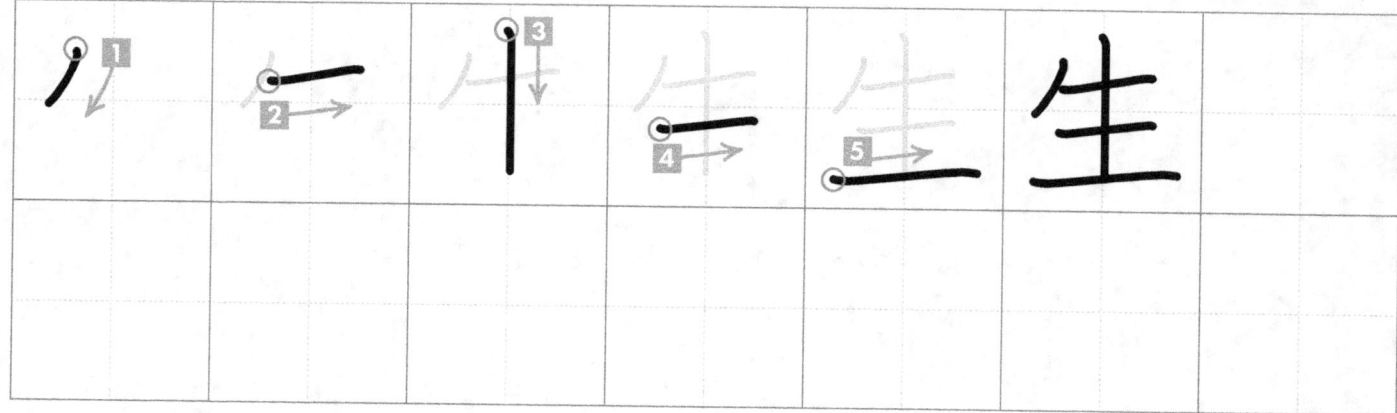

PRÁCTICA   Trace y practique el siguiente kanji

ESTILOS   生 生 生 生 生 生 生 生

KANJI #	RADICAL	TRAZOS	SIGNIFICADO	UNICODE
0005	二	4	cinco, 5	4E94

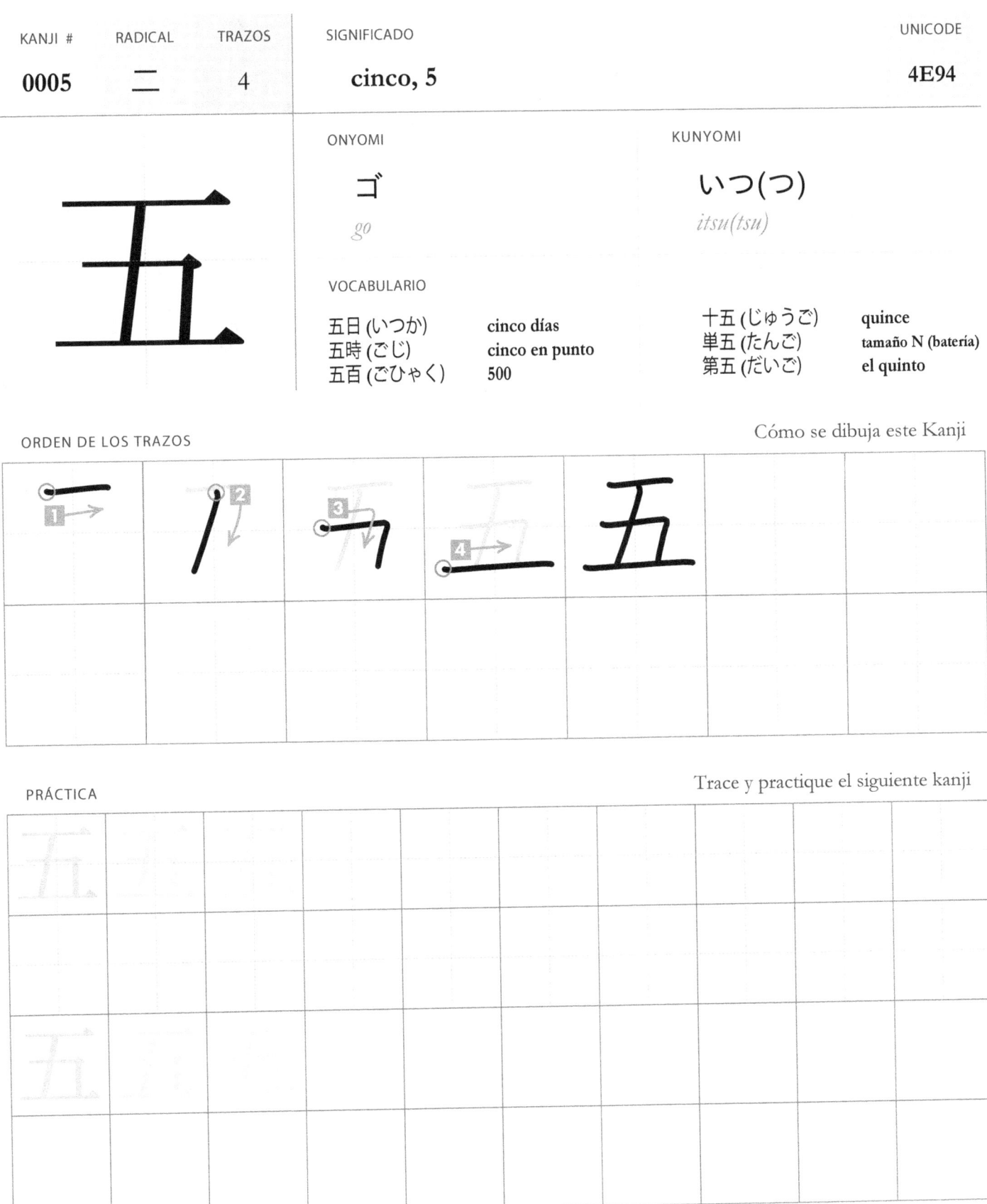

ONYOMI

ゴ
go

KUNYOMI

いつ(つ)
itsu(tsu)

VOCABULARIO

五日 (いつか)　　　cinco días
五時 (ごじ)　　　　cinco en punto
五百 (ごひゃく)　　500

十五 (じゅうご)　　quince
単五 (たんご)　　　tamaño N (batería)
第五 (だいご)　　　el quinto

ORDEN DE LOS TRAZOS

Cómo se dibuja este Kanji

PRÁCTICA

Trace y practique el siguiente kanji

ESTILOS 五 五 五 五 五 五 五 五

KANJI #	RADICAL	TRAZOS	SIGNIFICADO	UNICODE
1747	門	12	intervalo, espacio	9593

間

ONYOMI

カン、ケン

kan, ken

KUNYOMI

あいだ、ま、あい

aida, ma, ai

VOCABULARIO

間接 (かんせつ)   indirección
間隔 (かんかく)   espacio, intervalo
間近 (まぢか)   proximidad; cercanía

人間 (にんげん)   ser humano
期間 (きかん)   período; término
世間 (せけん)   mundo; sociedad

ORDEN DE LOS TRAZOS

Cómo se dibuja este Kanji

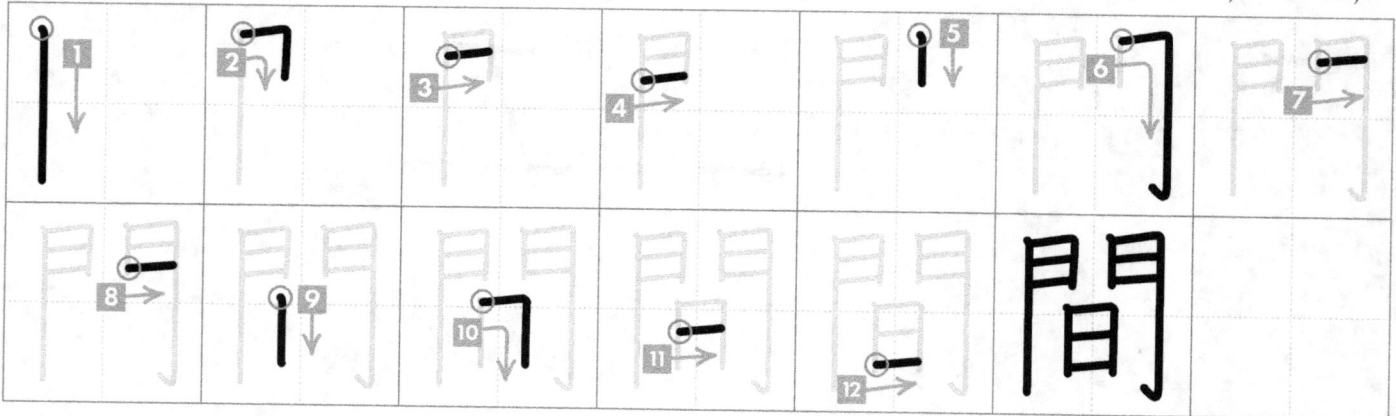

PRÁCTICA

Trace y practique el siguiente kanji

ESTILOS   間 間 間 間 間 間 間 間

KANJI #	RADICAL	TRAZOS	SIGNIFICADO	UNICODE
0050	一	3	arriba, arriba	4E0A

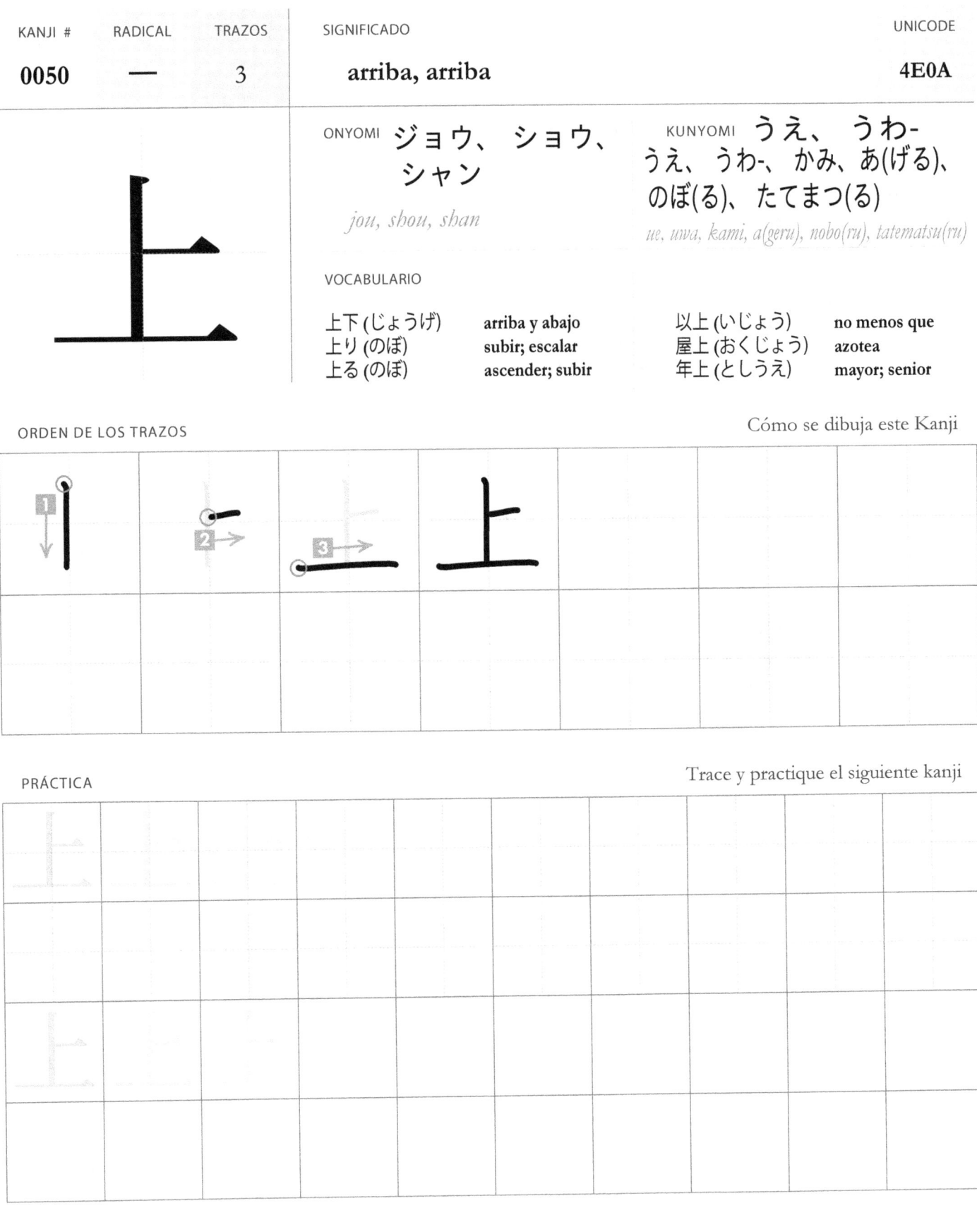

ONYOMI ジョウ、ショウ、シャン

jou, shou, shan

KUNYOMI うえ、うわ-
うえ、うわ-、かみ、あ(げる)、のぼ(る)、たてまつ(る)

ue, uwa, kami, a(geru), nobo(ru), tatematsu(ru)

VOCABULARIO

上下 (じょうげ)	arriba y abajo	以上 (いじょう)	no menos que
上り (のぼ)	subir; escalar	屋上 (おくじょう)	azotea
上る (のぼ)	ascender; subir	年上 (としうえ)	mayor; senior

ORDEN DE LOS TRAZOS

Cómo se dibuja este Kanji

PRÁCTICA

Trace y practique el siguiente kanji

ESTILOS　上　上　上　上　上　上　上　上

KANJI #	RADICAL	TRAZOS	SIGNIFICADO	UNICODE
0543	木	8	este	6771

東

ONYOMI

トウ

tou

KUNYOMI

ひがし

higashi

VOCABULARIO

東西 (とうざい)　　este y oeste
東洋 (とうよう)　　Oriente
東北 (とうほく)　　noreste; Tohoku

北東 (ほくとう)　　noreste
南東 (なんとう)　　sureste
東京 (とうきょう)　　Tokio

ORDEN DE LOS TRAZOS

Cómo se dibuja este Kanji

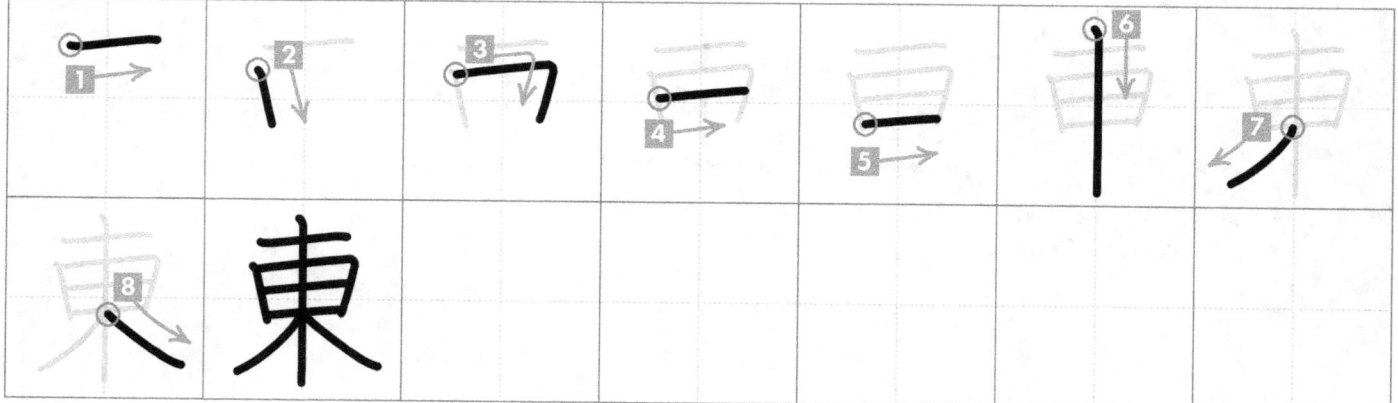

PRÁCTICA

Trace y practique el siguiente kanji

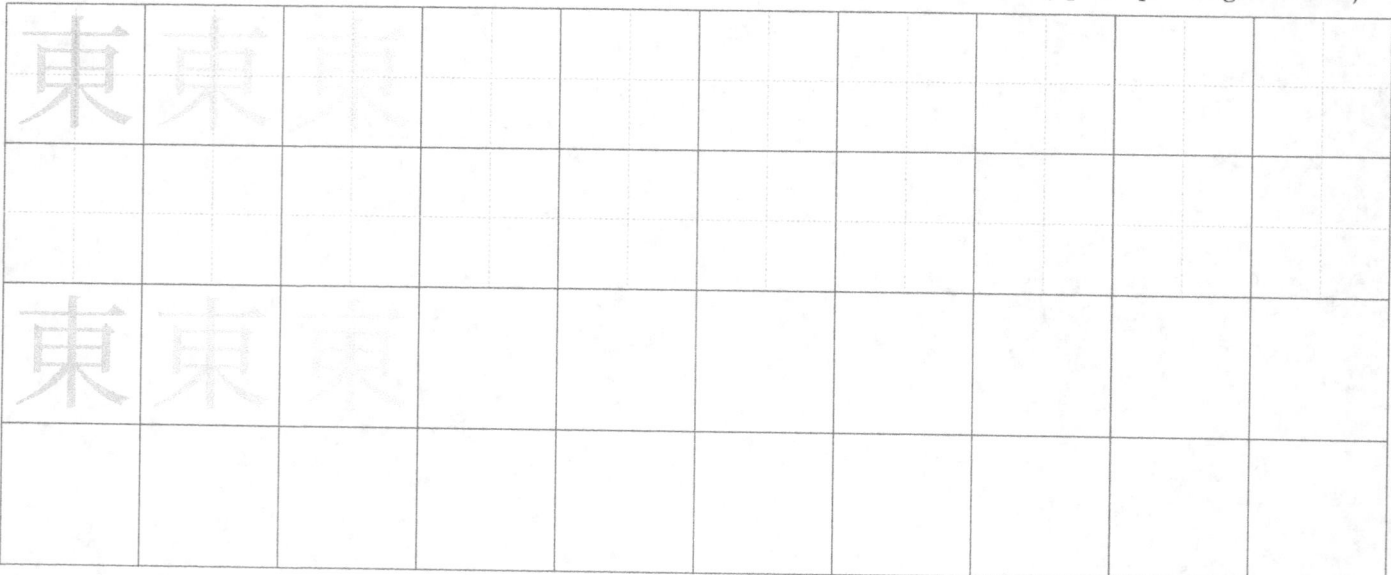

ESTILOS　東　東　東　東　東　東　東　東

四

ONYOMI

シ
shi

KUNYOMI

よ(つ)、よん
yo(tsu), yon

VOCABULARIO

四季 (しき)　　　cuatro estaciones
四月 (しがつ)　　Abril
四十 (よんじゅう)　cuarenta

十四 (じゅうよん)　　catorce
真四角 (ましかく)　　cuadrado
長四角 (ながしかく)　rectángulo

ORDEN DE LOS TRAZOS

Cómo se dibuja este Kanji

PRÁCTICA

Trace y practique el siguiente kanji

ESTILOS 四 四 四 四 四 四 四 四

今

ONYOMI

コン、 キン

kon, kin

KUNYOMI

いま

ima

VOCABULARIO

今日 (きょう)	hoy; este día	今度 （こんど）	esta hora
今年 (ことし)	este año	今朝 （けさ）	esta mañana
今月 (こんげつ)	este mes	今週 （こんしゅう）	esta semana

ORDEN DE LOS TRAZOS

Cómo se dibuja este Kanji

PRÁCTICA

Trace y practique el siguiente kanji

ESTILOS

KANJI #	RADICAL	TRAZOS	SIGNIFICADO	UNICODE
0287	金	8	**oro**	**91D1**

ONYOMI

キン、コン、ゴン

kin, kon, gon

KUNYOMI

かね、かな-、-がね

kane, kana, gane

VOCABULARIO

金属 (きんぞく)　metal
金曜 (きんよう)　Viernes
金銭 (きんせん)　dinero; efectivo

料金 (りょうきん)　tasa; cargo
借金 (しゃっきん)　deuda; préstamo
資金 (しきん)　fondos; capital

ORDEN DE LOS TRAZOS

Cómo se dibuja este Kanji

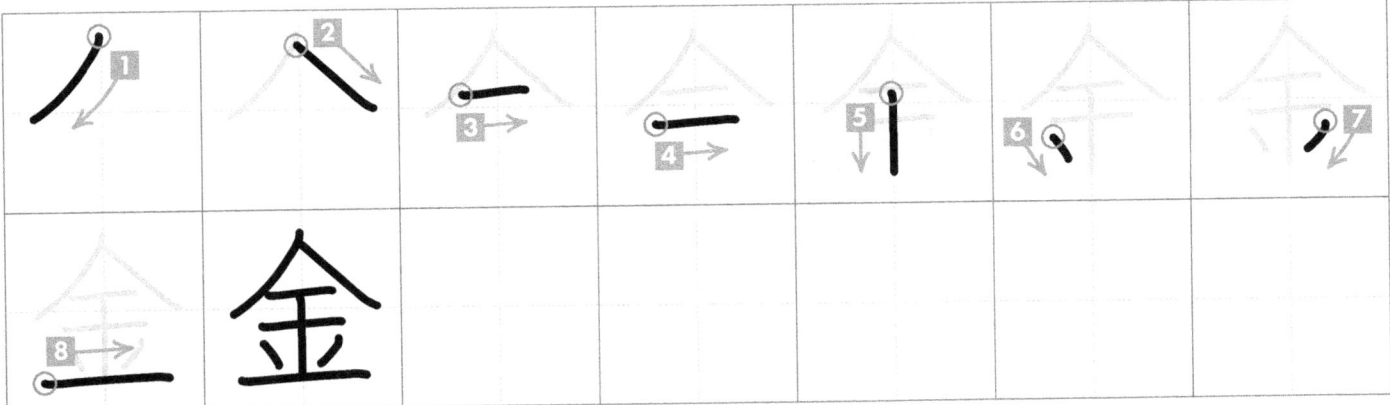

PRÁCTICA

Trace y practique el siguiente kanji

ESTILOS　　金　金　金　金　金　金　金　金

KANJI #	RADICAL	TRAZOS	SIGNIFICADO	UNICODE
0009	乛	2	**nueve, 9**	**4E5D**

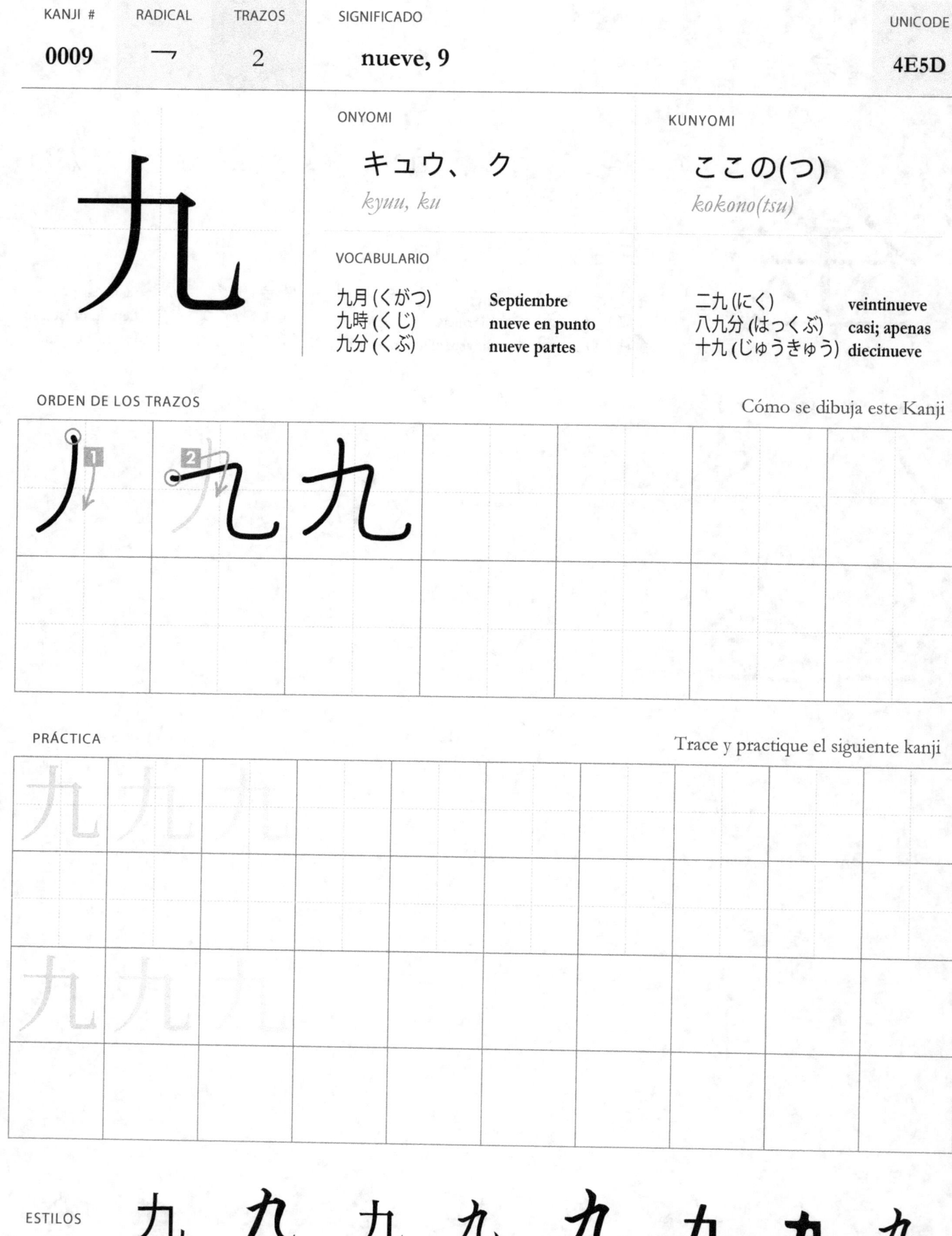

ONYOMI

キュウ、ク

kyuu, ku

KUNYOMI

ここの(つ)

kokono(tsu)

VOCABULARIO

九月 (くがつ)　Septiembre
九時 (くじ)　nueve en punto
九分 (くぶ)　nueve partes

二九 (にく)　veintinueve
八九分 (はっくぶ)　casi; apenas
十九 (じゅうきゅう)　diecinueve

ORDEN DE LOS TRAZOS

Cómo se dibuja este Kanji

PRÁCTICA

Trace y practique el siguiente kanji

ESTILOS　九 九 九 九 九 九 九 九

KANJI #	RADICAL	TRAZOS	SIGNIFICADO	UNICODE
0842	入	2	**entrar; insertar**	**5165**

入

ONYOMI

ニュウ

nyuu

KUNYOMI

い(る)、はい(る)

i(ru), hai(ru)

VOCABULARIO

入る (はい) entrar; entrar en
入場 (にゅうじょう) entrada; admisión
入力 (にゅうりょく) entrada; (de datos)

収入 (しゅうにゅう) ingreso; recibos
購入 (こうにゅう) comprar; adquirir
加入 (かにゅう) hacerse socio

ORDEN DE LOS TRAZOS

Cómo se dibuja este Kanji

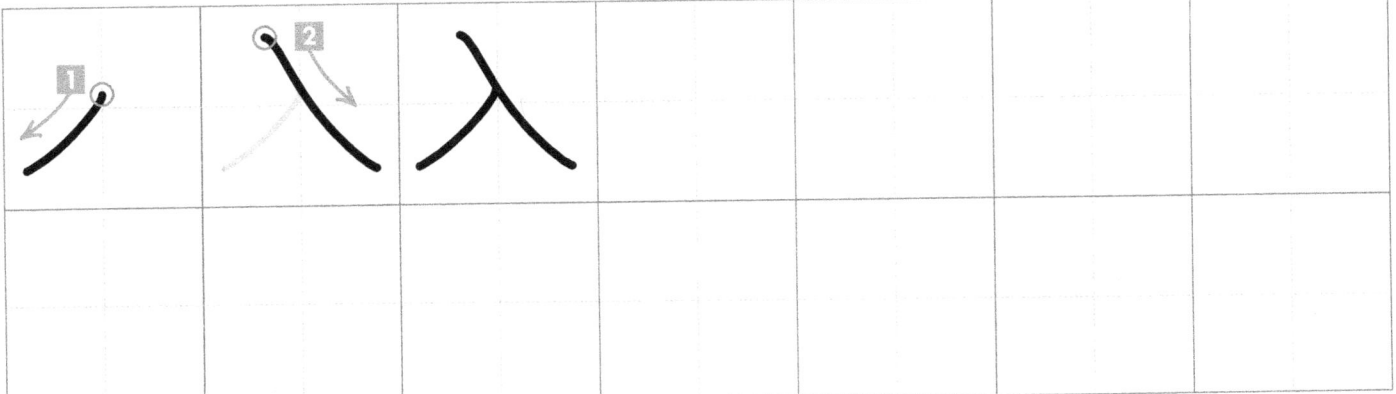

PRÁCTICA

Trace y practique el siguiente kanji

ESTILOS

KANJI #	RADICAL	TRAZOS	SIGNIFICADO	UNICODE
0346	子	8	estudio, aprendizaje, ciencia	5B66

ONYOMI

ガク

gaku

KUNYOMI

まな(ぶ)

mana(bu)

VOCABULARIO

学校 (がっこう)　escuela
学生 (がくせい)　estudiante
学習 (がくしゅう)　estudio; aprendizaje

中学 (ちゅうがく)　escuela media
科学 (かがく)　ciencia
文学 (ぶんがく)　literatura

ORDEN DE LOS TRAZOS

Cómo se dibuja este Kanji

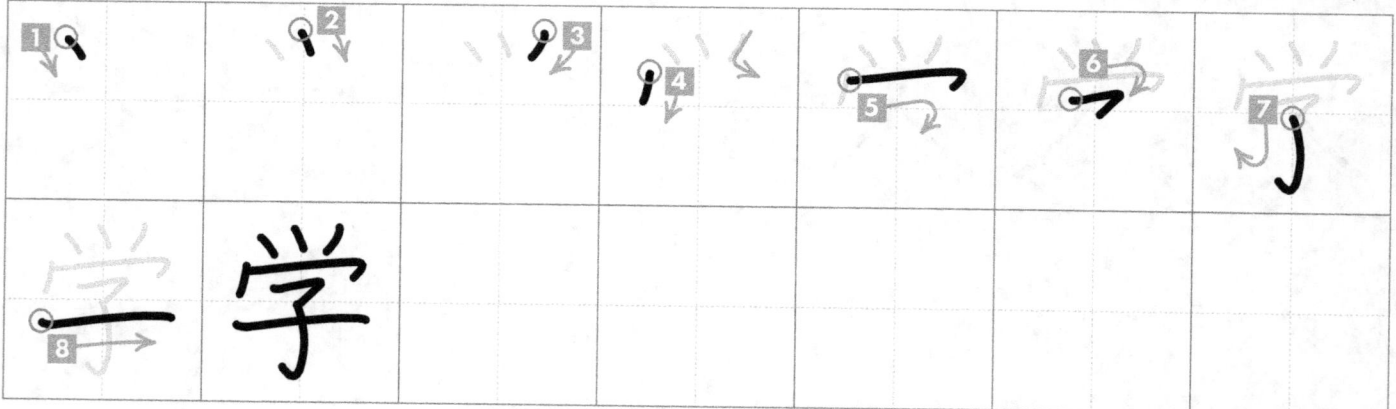

PRÁCTICA

Trace y practique el siguiente kanji

ESTILOS　学　学　学　学　学　学　学　学

KANJI #	RADICAL	TRAZOS	SIGNIFICADO	UNICODE
0329	高	10	**alto, alto, caro**	9AD8

ONYOMI

コウ
kou

KUNYOMI

たか(い)
taka(i)

VOCABULARIO

高い (たか)　　　altura; alto
高度 (こうど)　　　altitud; altura
高速 (こうそく)　alta velocidad; alta marcha

最高 (さいこう)　　más alto; mejor
標高 (ひょうこう)　elevación
小高い (こだか)　ligeramente elevado

ORDEN DE LOS TRAZOS

Cómo se dibuja este Kanji

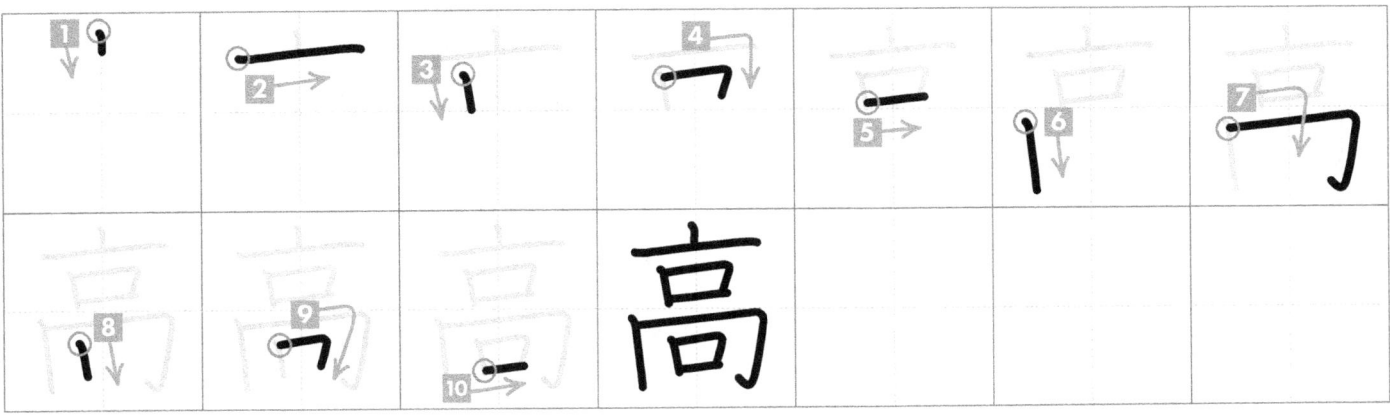

PRÁCTICA

Trace y practique el siguiente kanji

ESTILOS　　高　高　高　高　高　高　高　高

円

ONYOMI

エン

en

KUNYOMI

まる(い)

maru(i)

VOCABULARIO

円い (まる)	redondo; circular	楕円 (だえん)	elipse
円滑 (えんかつ)	liso; imperturbable	半円 (はんえん)	semicírculo
円盤 (えんばん)	disco; disco; plato	大円 (だいえん)	círculo grande

ORDEN DE LOS TRAZOS
Cómo se dibuja este Kanji

PRÁCTICA
Trace y practique el siguiente kanji

ESTILOS　円　円　円　円　円　円　円　円

KANJI #	RADICAL	TRAZOS	SIGNIFICADO	UNICODE
0099	子	3	hijo	5B50

子

ONYOMI

シ、ス、ツ

shi, su, tsu

KUNYOMI

こ、-こ(ね)

ko, ne

VOCABULARIO

子孫 (しそん)　　descendientes
子女 (しじょ)　　hijos e hijas
子分 (こぶん)　　secuaz; seguidor

男子 (だんし)　　joven; joven
電子 (でんし)　　electrón
女子 (じょし)　　mujer; niña

ORDEN DE LOS TRAZOS

Cómo se dibuja este Kanji

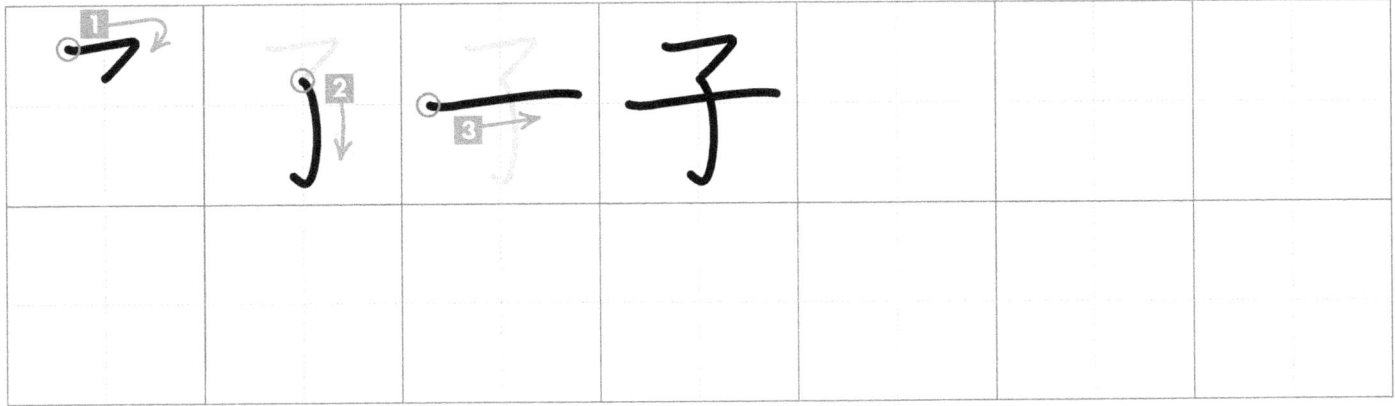

PRÁCTICA

Trace y practique el siguiente kanji

ESTILOS　子　子　子　子　子　子　子　子

KANJI #	RADICAL	TRAZOS	SIGNIFICADO	UNICODE
0116	夕	5	**fuera de**	5916

ONYOMI

ガイ、ゲ

gai, ge

KUNYOMI

そと、 ほか、
はず(す)、 と-

soto, hoka, hazu-, to-

VOCABULARIO

外国 (がいこく)　país extranjero
外部 (がいぶ)　el exterior
外科 (げか)　cirugía

海外 (かいがい)　extranjero; en el extranjero
意外 (いがい)　inesperado
郊外 (こうがい)　suburbio; periferia

ORDEN DE LOS TRAZOS

Cómo se dibuja este Kanji

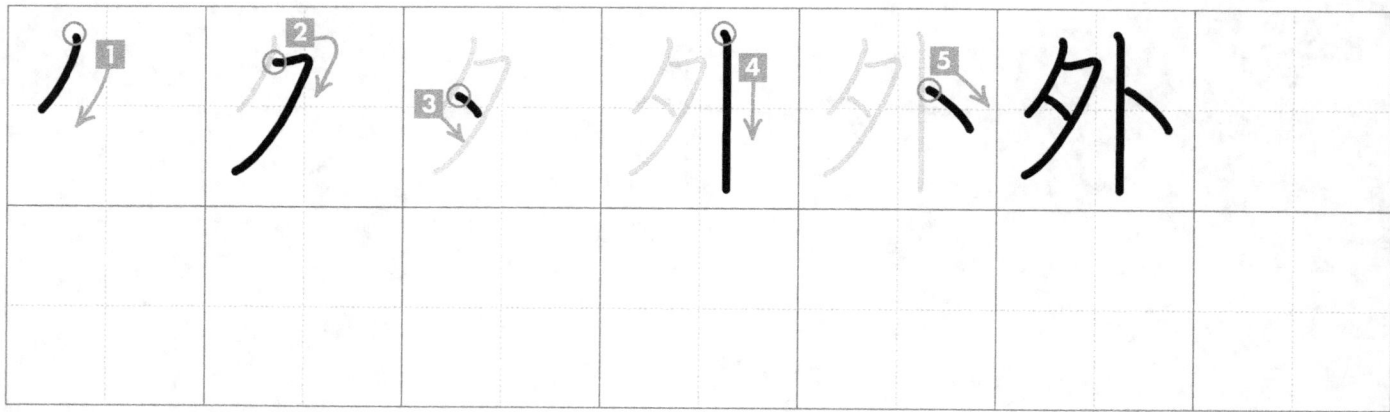

PRÁCTICA

Trace y practique el siguiente kanji

ESTILOS　外　外　外　外　外　外　外　外

ONYOMI

ハチ
hachi

KUNYOMI

や(つ)、よう
ya(tsu), you

VOCABULARIO

八十 (はちじゅう) ochenta
八月 (はちがつ) Agosto
八時 (はちじ) ocho en punto

十八 (じゅうはち) dieciocho
二八 (にはち) dieciséis
百八 (ひゃくはち) 108

ORDEN DE LOS TRAZOS

Cómo se dibuja este Kanji

PRÁCTICA

Trace y practique el siguiente kanji

ESTILOS　八　八　八　八　八　八　八　八

KANJI #	RADICAL	TRAZOS	SIGNIFICADO		UNICODE
0006	八	4	seis, 6		516D

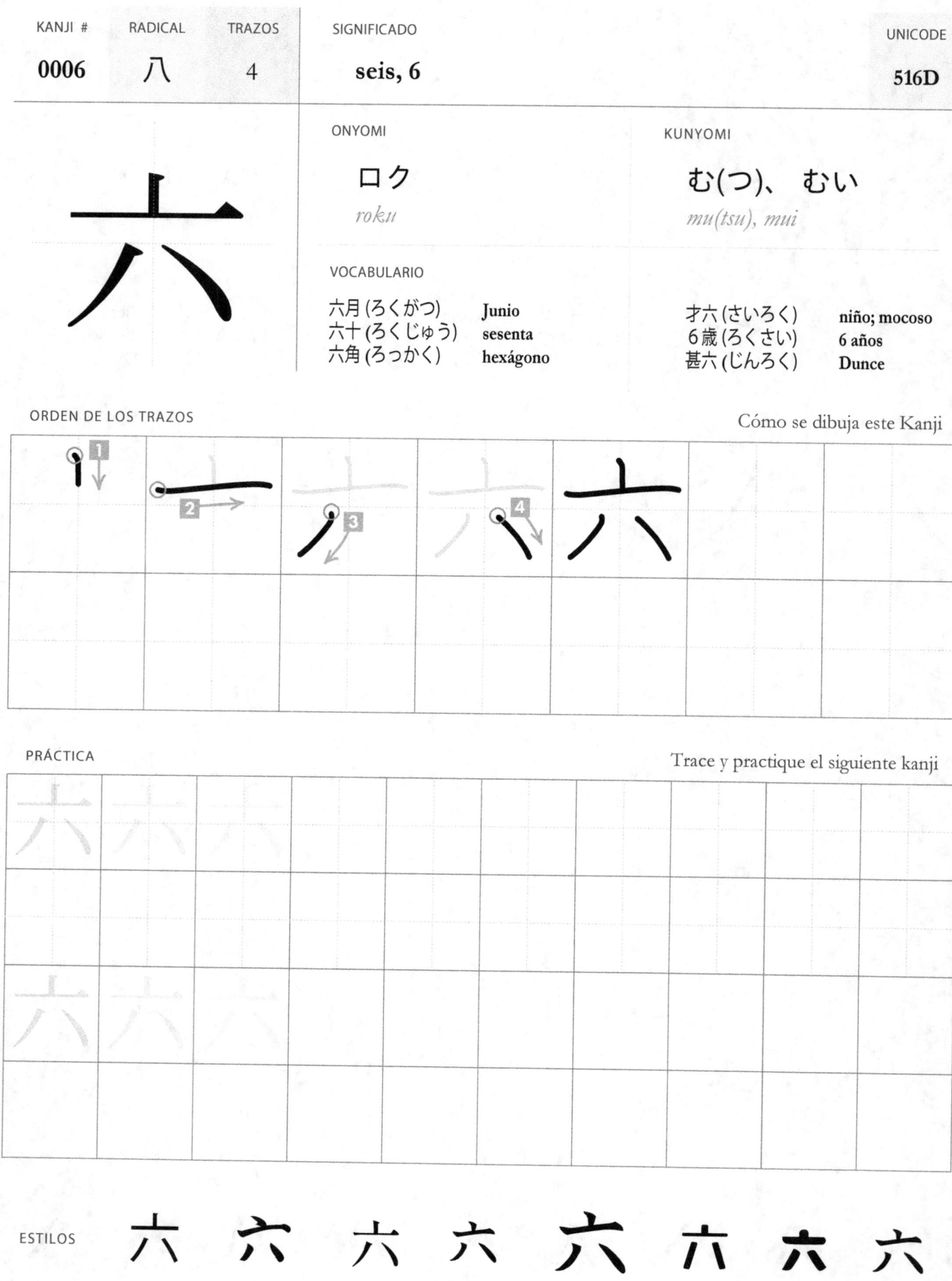

ONYOMI

ロク
roku

KUNYOMI

む(つ)、むい
mu(tsu), mui

VOCABULARIO

六月 (ろくがつ)　Junio
六十 (ろくじゅう)　sesenta
六角 (ろっかく)　hexágono

才六 (さいろく)　niño; mocoso
6歳 (ろくさい)　6 años
甚六 (じんろく)　Dunce

ORDEN DE LOS TRAZOS

Cómo se dibuja este Kanji

PRÁCTICA

Trace y practique el siguiente kanji

ESTILOS 六 六 六 六 六 六 六 六

KANJI #	RADICAL	TRAZOS	SIGNIFICADO	UNICODE
0051	口	3	**debajo, abajo, descender, dar, bajo, inferior**	**4E0B**

ONYOMI

カ、ゲ

ka, ge

KUNYOMI した、 しも、
もと、 さ(げる)、
くだ(る)、 お(ろす)

shita, shimo, moto, sa(geru), kuda(ru), o(rosu)

VOCABULARIO

下手 (へた)　　poco hábil
下着 (したぎ)　ropa interior
下る (くだ)　　descender

地下 (ちか)　　sótano
靴下 (くつした)　calcetines
低下 (ていか)　caer; descender

ORDEN DE LOS TRAZOS

Cómo se dibuja este Kanji

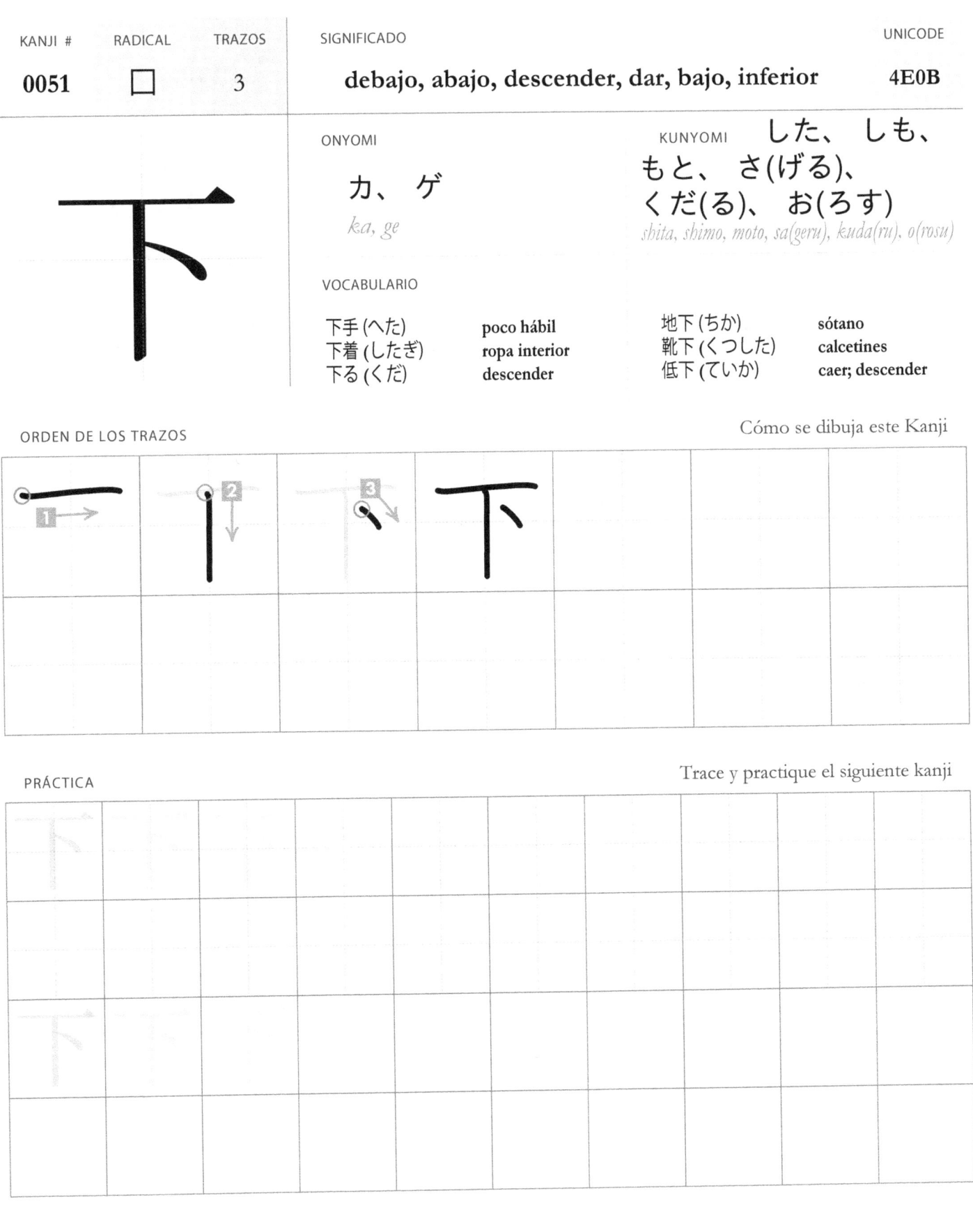

PRÁCTICA

Trace y practique el siguiente kanji

ESTILOS　下 下 下 下 下 下 下 下

KANJI #	RADICAL	TRAZOS	SIGNIFICADO	UNICODE
2029	木	7	**venir, debido, próximo, causar, convertirse**	6765

ONYOMI

ライ、タイ

rai, tai

KUNYOMI

く.る、きた.る、
き、こ

kuru, kitaru, ki, ko

VOCABULARIO

来年 (らいねん)   el año que viene
来月 (らいげつ)   el mes que viene
来週 (らいしゅう)   la próxima semana

本来 (ほんらい)   originalmente
以来 (いらい)   desde
外来 (がいらい)   extranjero

ORDEN DE LOS TRAZOS

Cómo se dibuja este Kanji

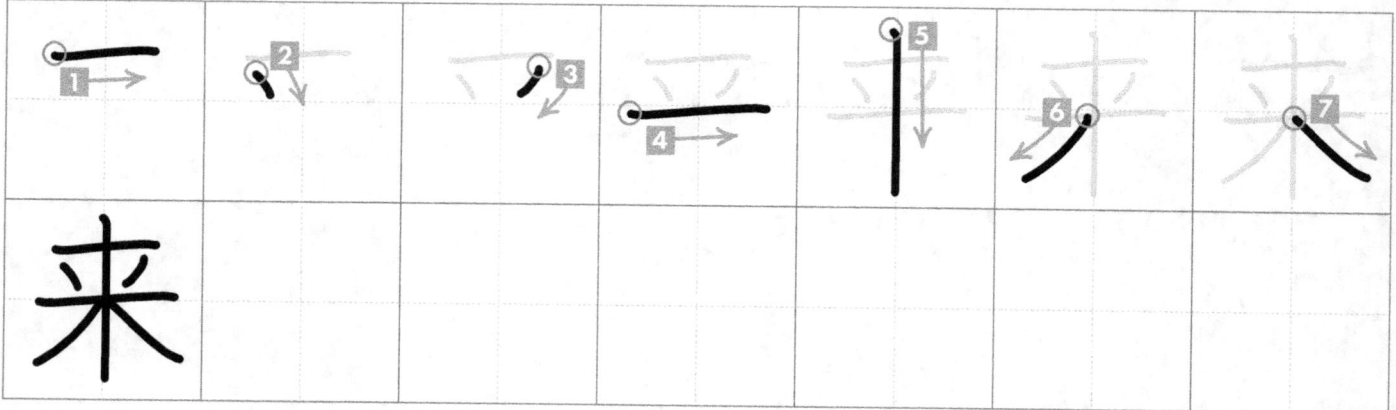

PRÁCTICA

Trace y practique el siguiente kanji

ESTILOS   来 来 来 来 来 来 来 来

KANJI #	RADICAL	TRAZOS	SIGNIFICADO	UNICODE
2030	气	6	espíritu, mente, aire, atmósfera, estado de ánimo	6C17

気

ONYOMI

キ、ケ
ki, ke

KUNYOMI

いき
iki

VOCABULARIO

気分 (きぶん)　　sentimiento; estado de ánimo
気象 (きしょう)　　tiempo; clima
気圧 (きあつ)　　presión atmosférica

電気 (でんき)　　electricidad
病気 (びょうき)　　enfermedad; dolencia
元気 (げんき)　　animado

ORDEN DE LOS TRAZOS

Cómo se dibuja este Kanji

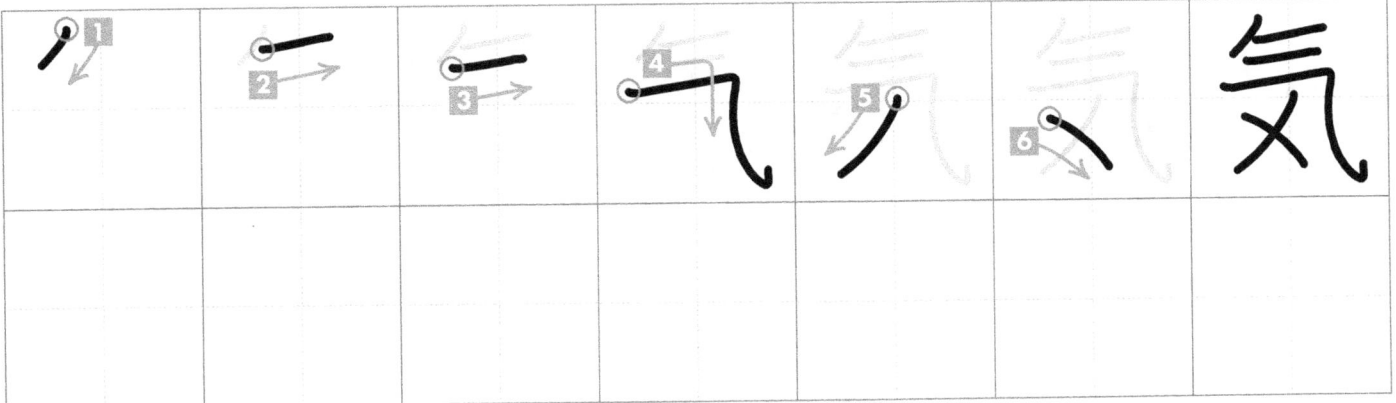

PRÁCTICA

Trace y practique el siguiente kanji

ESTILOS　　気 気 気 気 気 気 気 気

KANJI #	RADICAL	TRAZOS	SIGNIFICADO		UNICODE
0110	小	3	pequeño, pequeña		5C0F

ONYOMI

ショウ

shou

KUNYOMI

ちい(さい)、
こ-、お-、さ-

chii(sai), ko-, o-, sa-

VOCABULARIO

小供 (こども)　　niño; niños
小説 (しょうせつ)　novela
小女 (しょうじょ)　niña pequeña

大小 (だいしょう)　grande y pequeño
縮小 (しゅくしょう)　reducción
最小 (さいしょう)　más pequeño

ORDEN DE LOS TRAZOS

Cómo se dibuja este Kanji

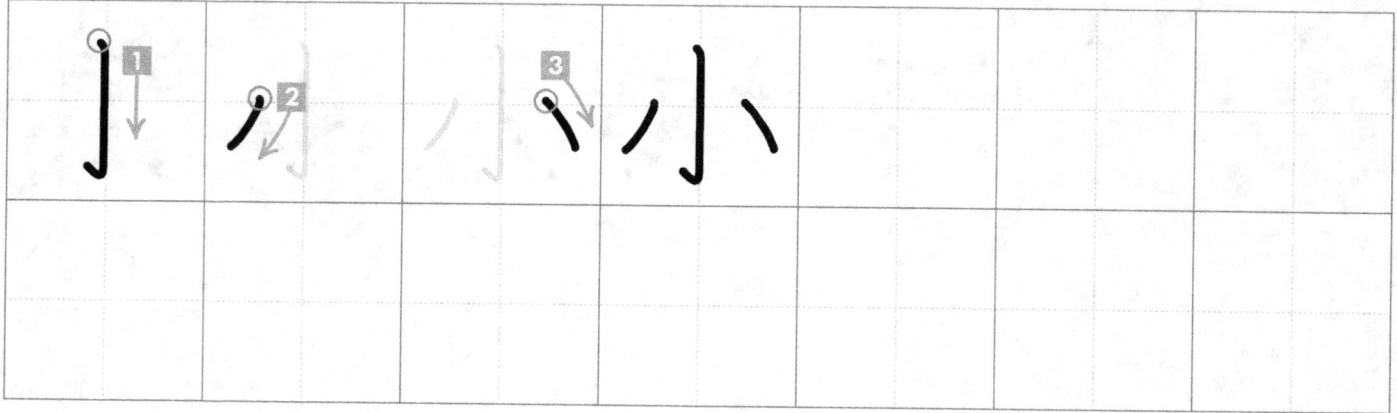

PRÁCTICA

Trace y practique el siguiente kanji

ESTILOS　　小　小　小　小　小　小　小　小

KANJI #	RADICAL	TRAZOS	SIGNIFICADO	UNICODE
0007	一	2	siete, 7	4E03

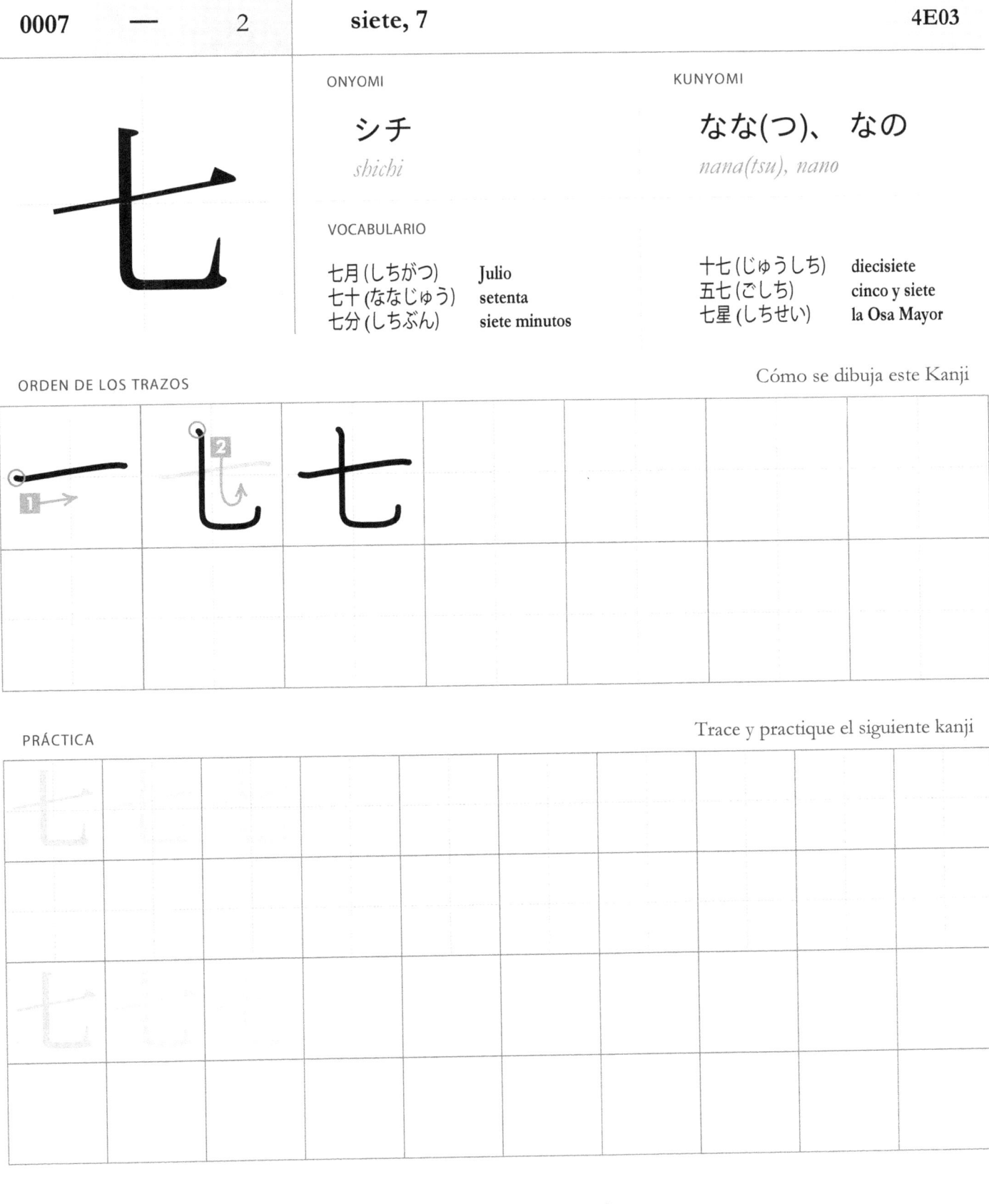

ONYOMI

シチ

shichi

KUNYOMI

なな(つ)、 なの

nana(tsu), nano

VOCABULARIO

七月 (しちがつ) Julio
七十 (ななじゅう) setenta
七分 (しちぶん) siete minutos

十七 (じゅうしち) diecisiete
五七 (ごしち) cinco y siete
七星 (しちせい) la Osa Mayor

ORDEN DE LOS TRAZOS

Cómo se dibuja este Kanji

PRÁCTICA

Trace y practique el siguiente kanji

ESTILOS 七 七 七 七 七 七 七 七

KANJI #	RADICAL	TRAZOS	SIGNIFICADO	UNICODE
0830	山	3	montaña	5C71

ONYOMI

サン、セン

san, sen

KUNYOMI

やま

yama

VOCABULARIO

山間 (さんかん)　　entre las montañas
山脈 (さんみゃく)　cordillera
山岳 (さんがく)　　montañas

火山 (かざん)　　volcán
登山 (とざん)　　escalada de montaña
本山 (ほんざん)　templo principal

ORDEN DE LOS TRAZOS

Cómo se dibuja este Kanji

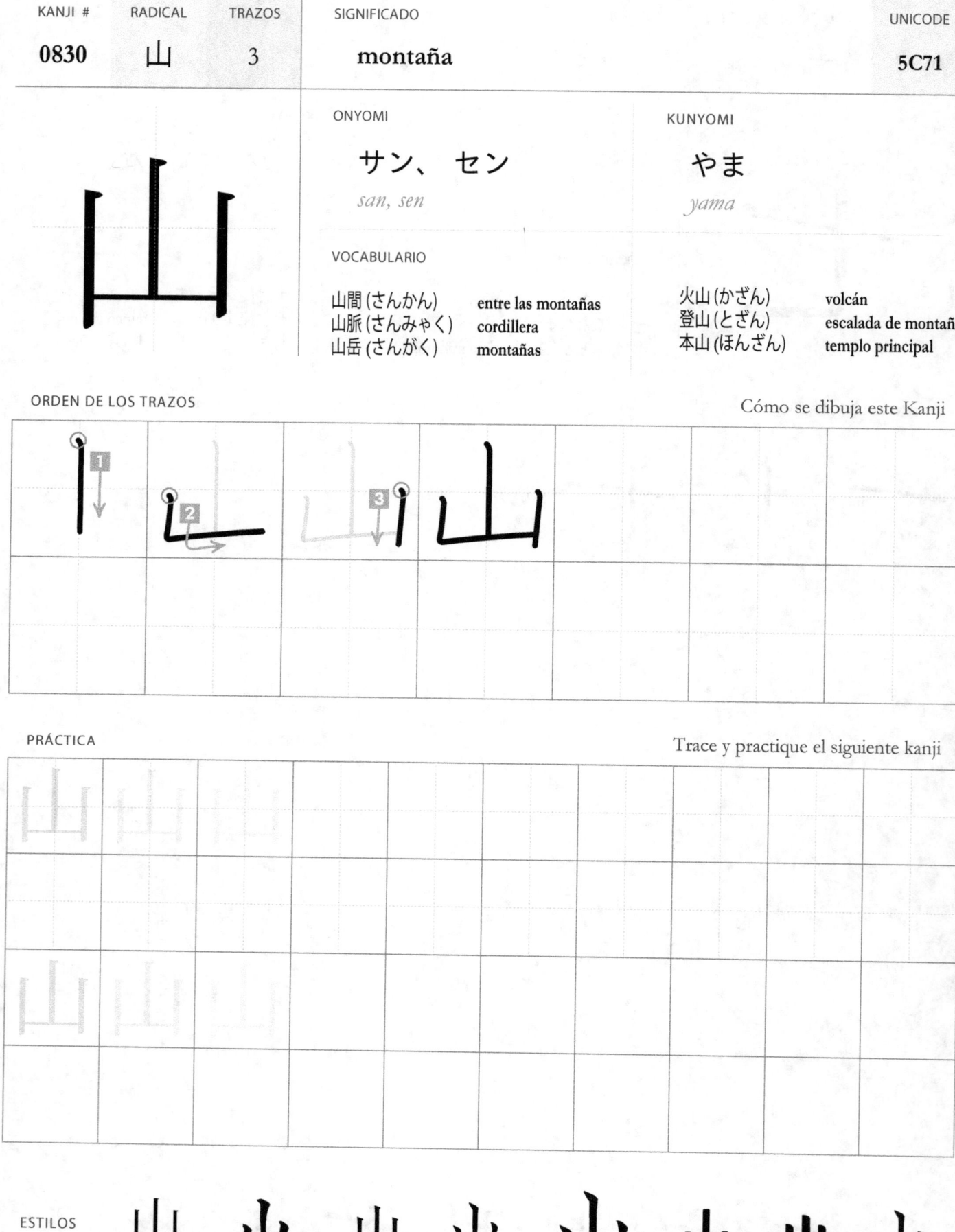

PRÁCTICA

Trace y practique el siguiente kanji

ESTILOS　　山　山　山　山　山　山　山　山

KANJI #	RADICAL	TRAZOS	SIGNIFICADO	UNICODE
0368	言	13	**cuento, charla**	8A71

話

ONYOMI

ワ
wa

KUNYOMI

はな(す)、 はなし
hana(su), hanashi

VOCABULARIO

話題 (わだい) ttema; asunto
話中 (はなしちゅう) ocupado (teléfono)
話々 (はなしばなし) charla

会話 (かいわ) conversación
世話 (せわ) cuidar
神話 (しんわ) mito; leyenda

ORDEN DE LOS TRAZOS

Cómo se dibuja este Kanji

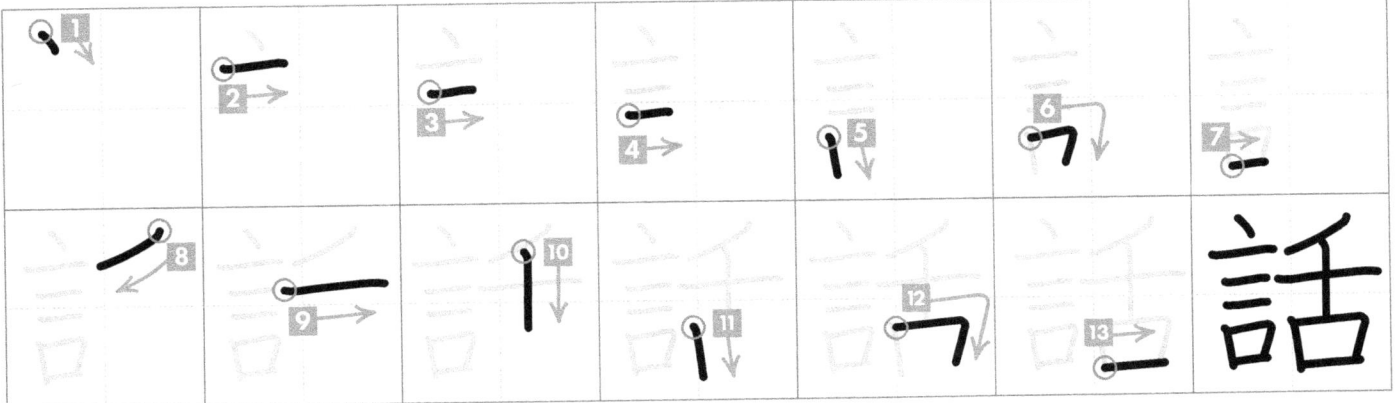

PRÁCTICA

Trace y practique el siguiente kanji

ESTILOS 話 話 話 話 話 話 話 話

KANJI #	RADICAL	TRAZOS	SIGNIFICADO	UNICODE
0102	女	3	**mujer, femenino**	**5973**

女

ONYOMI

ジョ

jo

KUNYOMI

おんな、め

onnna, me

VOCABULARIO

女神 (めがみ)　　diosa
女子 (じょし)　　mujer; niña
女優 (じょゆう)　　actriz

彼女 (かのじょ)　　ella; su
男女 (だんじょ)　　hombres y mujeres
王女 (おうじょ)　　princesa

ORDEN DE LOS TRAZOS

Cómo se dibuja este Kanji

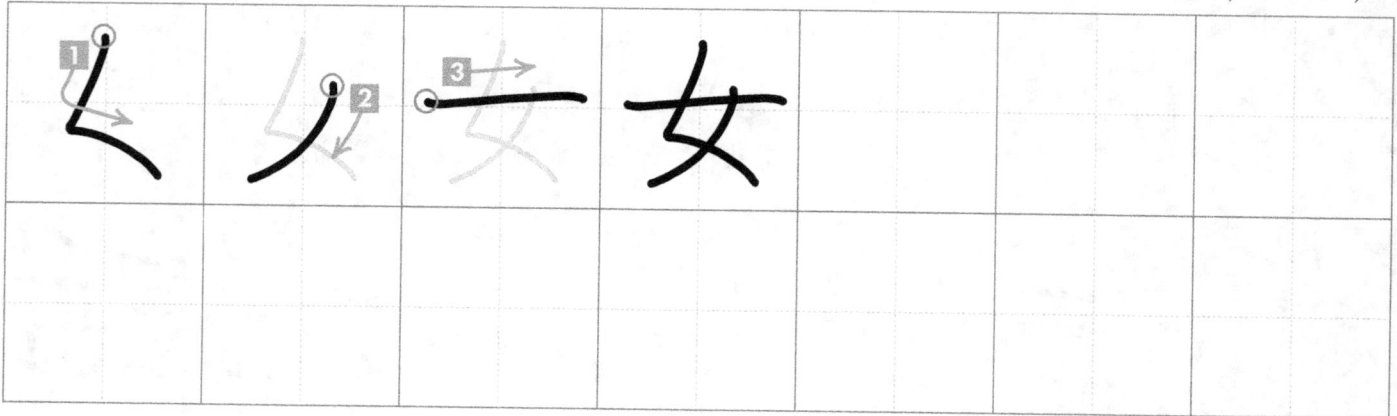

PRÁCTICA

Trace y practique el siguiente kanji

ESTILOS　女　女　女　女　女　女　女　女

ONYOMI

ホク
hoku

KUNYOMI

きた
kita

VOCABULARIO

北東 (ほくとう) noreste
北西 (ほくせい) noroeste
北極 (ほっきょく) Polo Norte

敗北 (はいぼく) derrota
台北 (タイペイ) Taipei
以北 (いほく) norte de

ORDEN DE LOS TRAZOS

Cómo se dibuja este Kanji

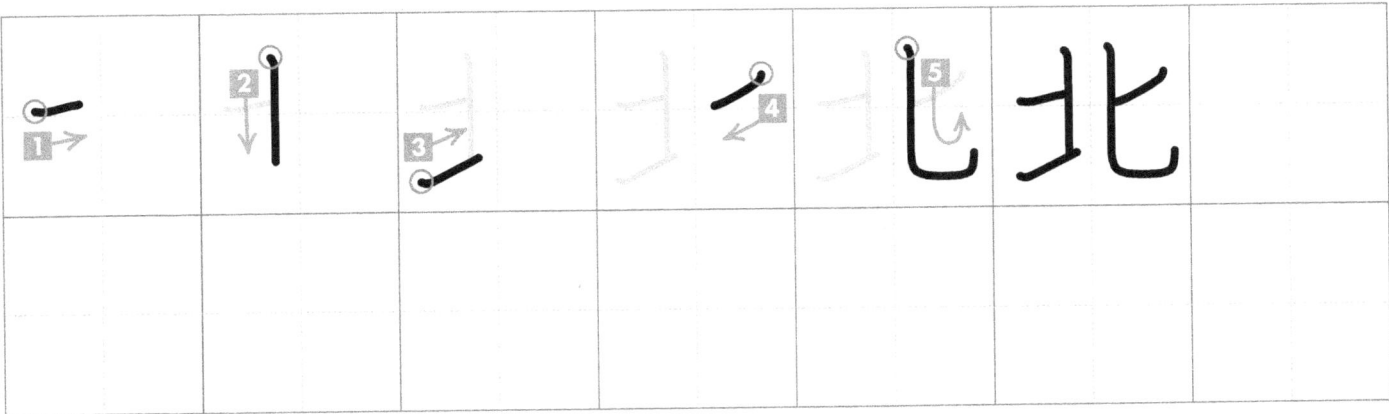

PRÁCTICA

Trace y practique el siguiente kanji

ESTILOS 北 北 北 北 北 北 北 北

KANJI #	RADICAL	TRAZOS	SIGNIFICADO	UNICODE
0610	十	4	**mediodía, signo del caballo**	5348

ONYOMI

ゴ
go

KUNYOMI

うま
uma

VOCABULARIO

午後 (ごご)	tarde	亭午 (ていご)	mediodía
午前 (ごぜん)	mañana	子午環 (しごかん)	círculo de meridianos
午飯 (ごはん)	almuerzo	午睡 (ごすい)	siesta

ORDEN DE LOS TRAZOS

Cómo se dibuja este Kanji

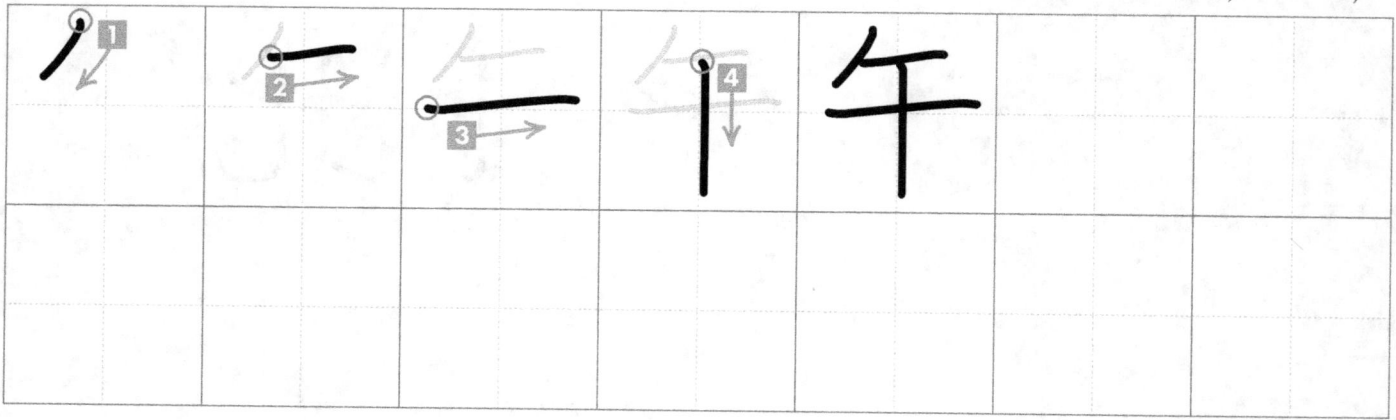

PRÁCTICA

Trace y practique el siguiente kanji

ESTILOS 午 午 午 午 午 午 午 午

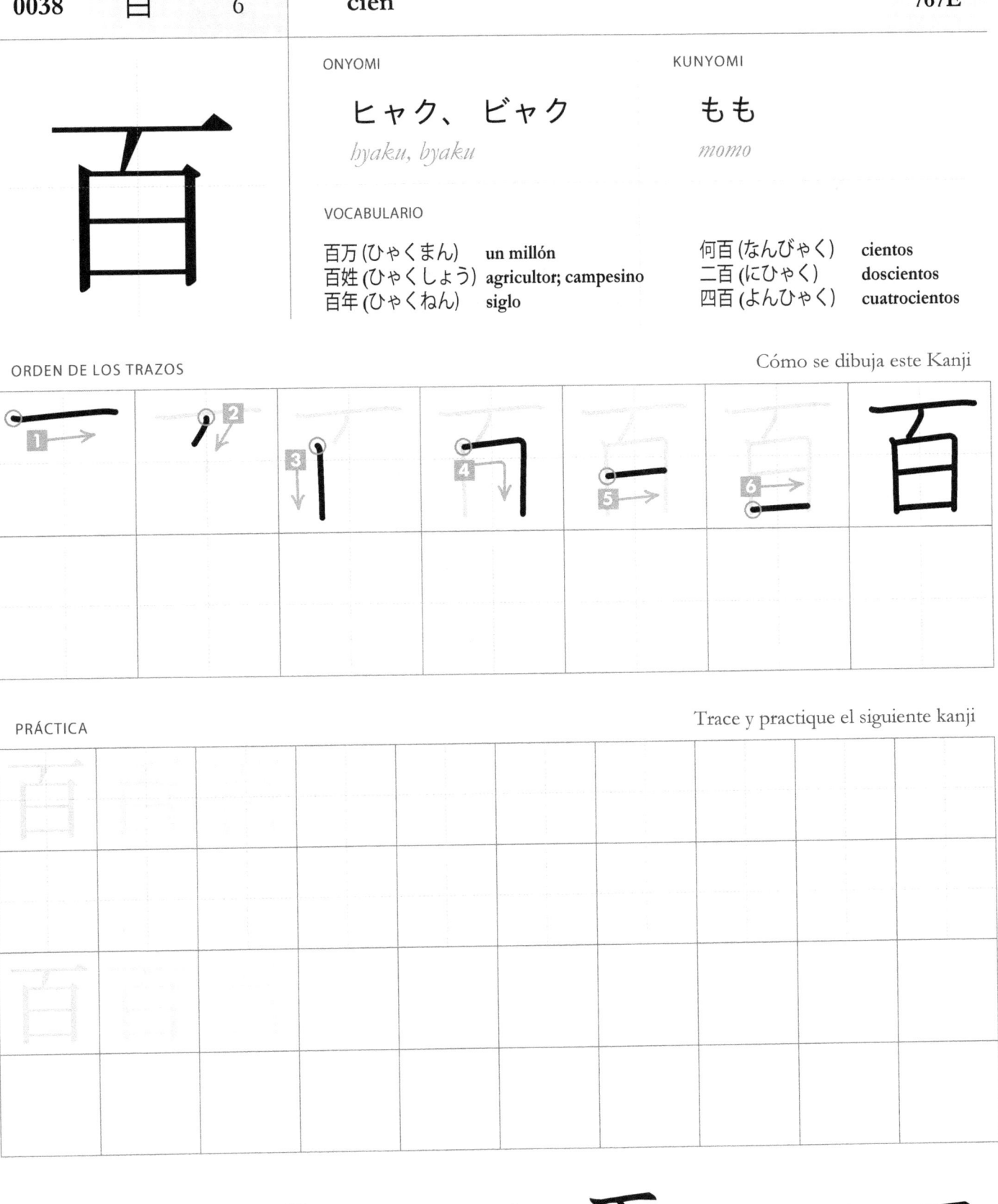

ONYOMI

ヒャク、ビャク

hyaku, byaku

KUNYOMI

もも

momo

VOCABULARIO

百万 (ひゃくまん)　un millón
百姓 (ひゃくしょう)　agricultor; campesino
百年 (ひゃくねん)　siglo

何百 (なんびゃく)　cientos
二百 (にひゃく)　doscientos
四百 (よんひゃく)　cuatrocientos

ORDEN DE LOS TRAZOS

Cómo se dibuja este Kanji

PRÁCTICA

Trace y practique el siguiente kanji

ESTILOS

KANJI #	RADICAL	TRAZOS	SIGNIFICADO	UNICODE
0349	曰	10	**escribir**	**66F8**

ONYOMI

ショ
sho

KUNYOMI

か(く)
kaku

VOCABULARIO

書類 (しょるい) — **documentos**
書店 (しょてん) — **librería; librería**
書物 (しょもつ) — **libros**

読書 (どくしょ) — **lectura**
辞書 (じしょ) — **diccionario**
白書 (はくしょ) — **papel blanco**

ORDEN DE LOS TRAZOS

Cómo se dibuja este Kanji

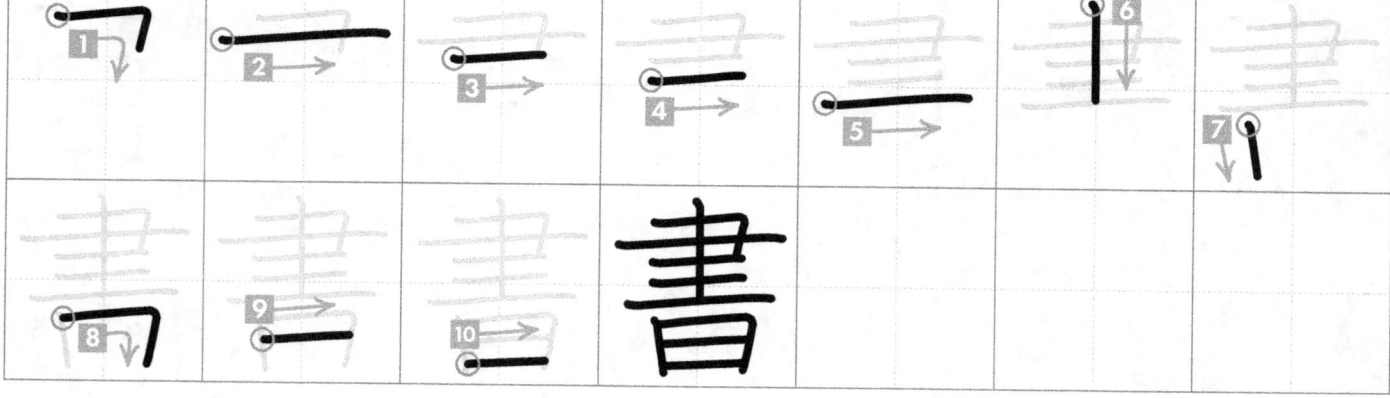

PRÁCTICA

Trace y practique el siguiente kanji

ESTILOS

書　書　書　書　書　書　書　書

先

ONYOMI

セン

sen

KUNYOMI

さき、ま(ず)

saki, ma(zu)

VOCABULARIO

先生 (せんせい) profesor; maestro
先月 (せんげつ) último mes
先祖 (せんぞ) antepasado

出先 (でさき) el destino de uno
目先 (めさき) futuro cercano

ORDEN DE LOS TRAZOS

Cómo se dibuja este Kanji

PRÁCTICA

Trace y practique el siguiente kanji

ESTILOS　先　先　先　先　先　先　先　先

nombre, notorio, distinguido, reputación

名

ONYOMI

メイ、ミョウ

mei, myou

KUNYOMI

な

na

VOCABULARIO

名人 (めいじん)	maestro; experto	有名 (ゆうめい)	famoso
名字 (みょうじ)	apellido	本名 (ほんみょう)	nombre real
名作 (めいさく)	obra maestra	題名 (だいめい)	título

ORDEN DE LOS TRAZOS

Cómo se dibuja este Kanji

PRÁCTICA

Trace y practique el siguiente kanji

ESTILOS　名　名　名　名　名　名　名　名

| 0134 | 巛 | 3 | **río, arroyo** | **5DDD** |

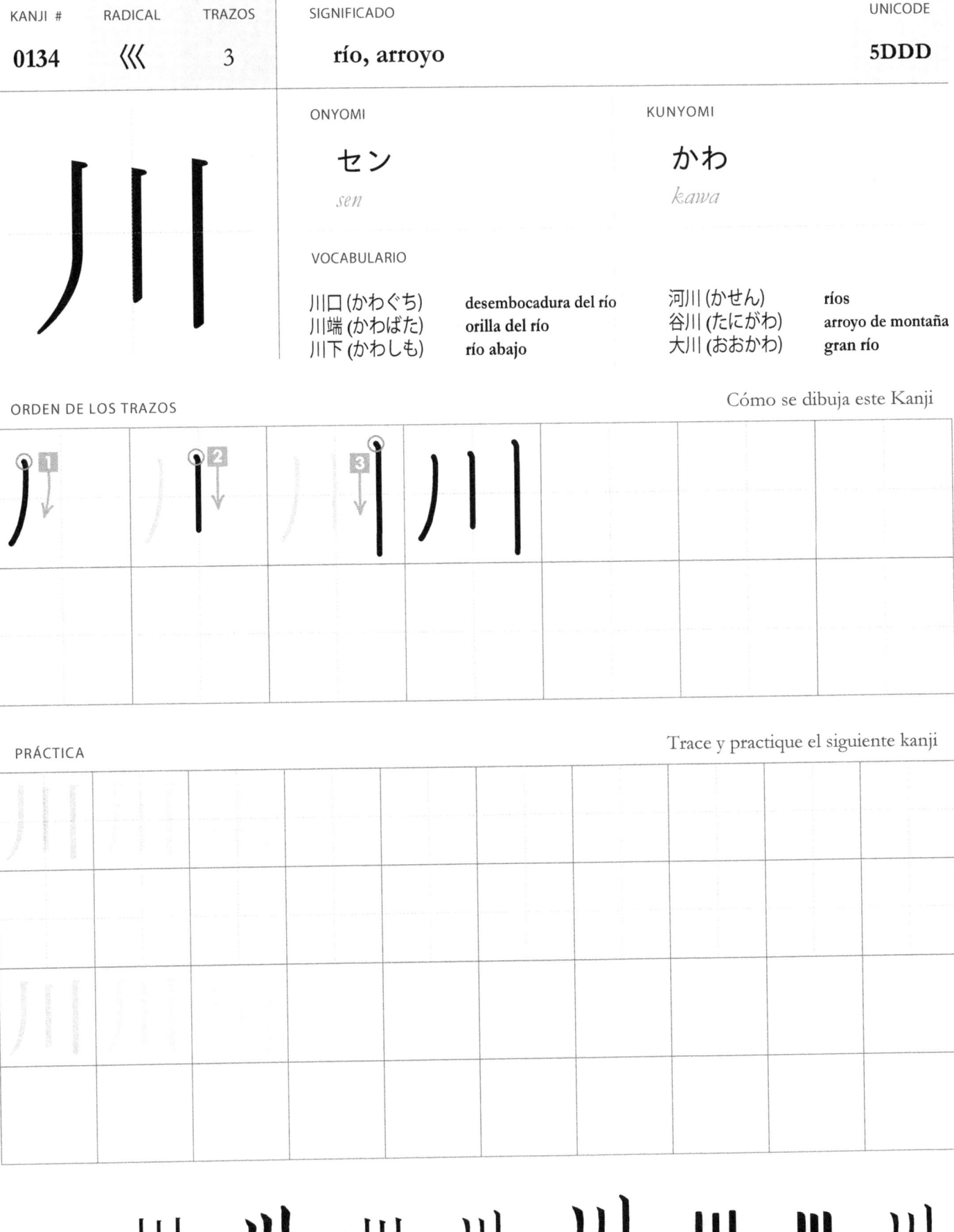

ONYOMI

セン

sen

KUNYOMI

かわ

kawa

VOCABULARIO

川口 (かわぐち)　desembocadura del río
川端 (かわばた)　orilla del río
川下 (かわしも)　río abajo

河川 (かせん)　ríos
谷川 (たにがわ)　arroyo de montaña
大川 (おおかわ)　gran río

ORDEN DE LOS TRAZOS

Cómo se dibuja este Kanji

PRÁCTICA

Trace y practique el siguiente kanji

ESTILOS

KANJI #	RADICAL	TRAZOS	SIGNIFICADO	UNICODE
0040	十	3	mil	5343

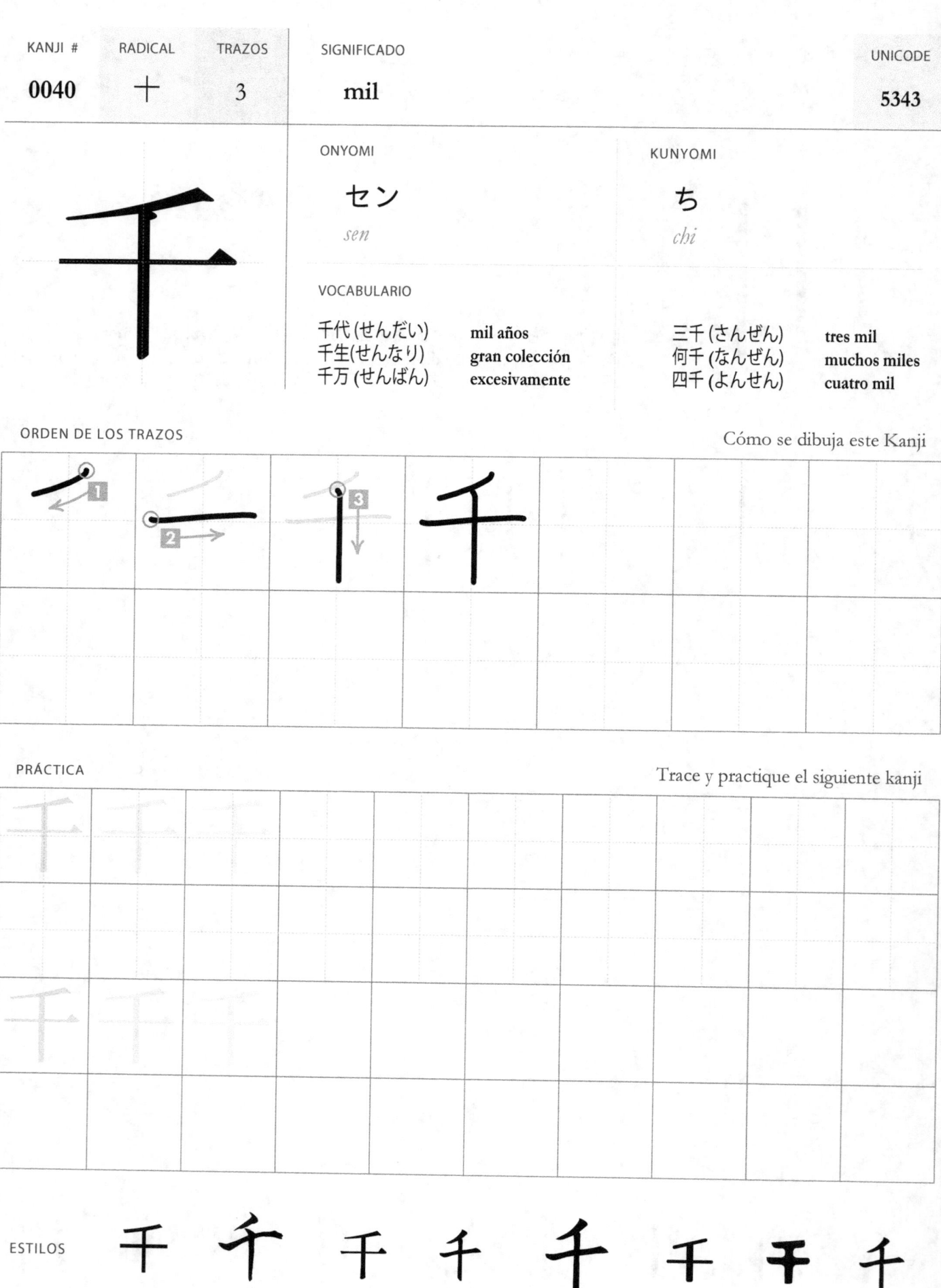

ONYOMI

セン
sen

KUNYOMI

ち
chi

VOCABULARIO

千代 (せんだい)	mil años	三千 (さんぜん)	tres mil
千生 (せんなり)	gran colección	何千 (なんぜん)	muchos miles
千万 (せんばん)	excesivamente	四千 (よんせん)	cuatro mil

ORDEN DE LOS TRAZOS

Cómo se dibuja este Kanji

PRÁCTICA

Trace y practique el siguiente kanji

ESTILOS   千 千 千 千 千 千 千 千

KANJI #	RADICAL	TRAZOS	SIGNIFICADO	UNICODE
0137	水	4	agua	6C34

ONYOMI

スイ
sui

KUNYOMI

みず
mizu

VOCABULARIO

水道 (すいどう)　suministro de agua
水泳 (すいえい)　natación
水中 (すいちゅう)　bajo el agua

下水 (げすい)　drenaje
洪水 (こうずい)　inundación
海水 (かいすい)　agua del océano

ORDEN DE LOS TRAZOS

Cómo se dibuja este Kanji

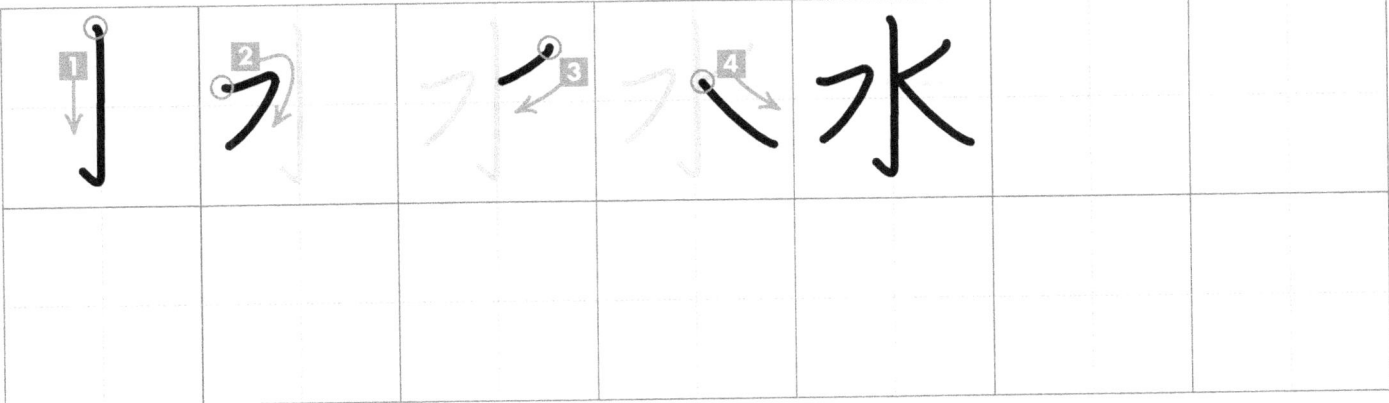

PRÁCTICA

Trace y practique el siguiente kanji

ESTILOS　水　水　水　水　水　水　水　水

KANJI #	RADICAL	TRAZOS	SIGNIFICADO	UNICODE
1286	十	5	**mitad, medio, número impar, semi**	534A

ONYOMI

ハン

han

KUNYOMI

なか(ば)

naka(ba)

VOCABULARIO

半年 (はんとし)	medio año		大半 (たいはん)	mayoría
半島 (はんとう)	península		後半 (こうはん)	segunda mitad
半径 (はんけい)	radio		前半 (ぜんはん)	primer semestre

ORDEN DE LOS TRAZOS

Cómo se dibuja este Kanji

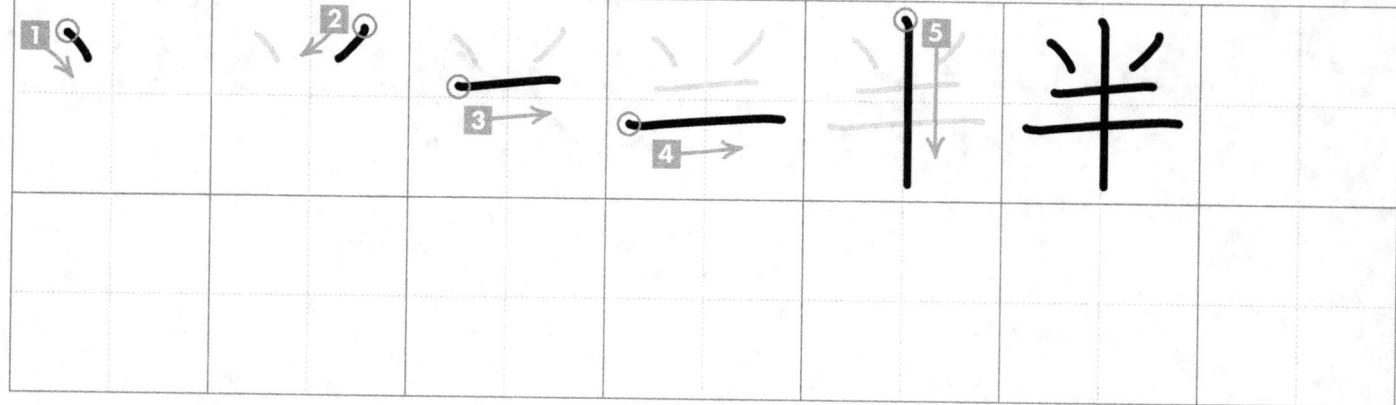

PRÁCTICA

Trace y practique el siguiente kanji

ESTILOS　半　半　半　半　半　半　半　半

KANJI #	RADICAL	TRAZOS	SIGNIFICADO	UNICODE
0923	田	7	hombre, varón	7537

ONYOMI

ダン、ナン

dan, nan

KUNYOMI

おとこ、お

otoko, o

VOCABULARIO

男子 (だんし)　joven; hombre joven
男前 (おとこまえ)　hombre guapo
男優 (だんゆう)　actor

長男 (ちょうなん)　hijo mayor
三男 (さんなん)　tres hijos
次男 (じなん)　segundo hijo

ORDEN DE LOS TRAZOS

Cómo se dibuja este Kanji

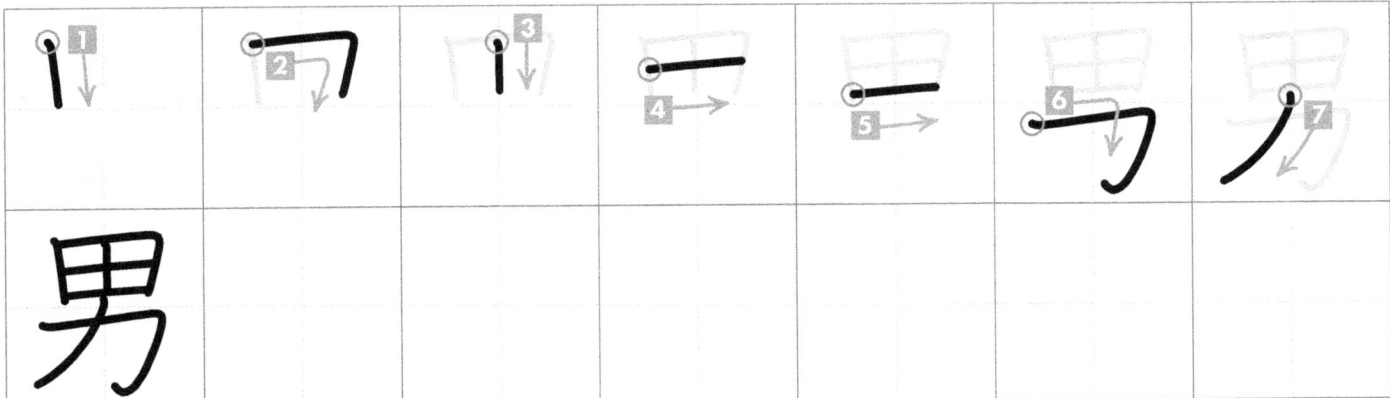

PRÁCTICA

Trace y practique el siguiente kanji

ESTILOS　男　男　男　男　男　男　男　男

KANJI #	RADICAL	TRAZOS	SIGNIFICADO	UNICODE
1728	西	6	oeste	897F

西

ONYOMI

セイ、サイ
sei, sai

KUNYOMI

にし
nishi

VOCABULARIO

西南 (せいなん)　suroeste
西口 (にしぐち)　entrada oeste
西北 (せいほく)　noroeste

東西 (とうざい)　este y oeste
北西 (ほくせい)　noroeste
南西 (なんせい)　suroeste

ORDEN DE LOS TRAZOS

Cómo se dibuja este Kanji

PRÁCTICA

Trace y practique el siguiente kanji

ESTILOS　西　西　西　西　西　西　西　西

電

ONYOMI

デン
den

VOCABULARIO

電車 (でんしゃ)   tren eléctrico
電話 (でんわ)   llamada telefónica
電力 (でんりょく)   energía eléctrica

終電 (しゅうでん)   último tren
外電 (がいでん)   telegrama extranjero
送電 (そうでん)   suministro eléctrico

ORDEN DE LOS TRAZOS

Cómo se dibuja este Kanji

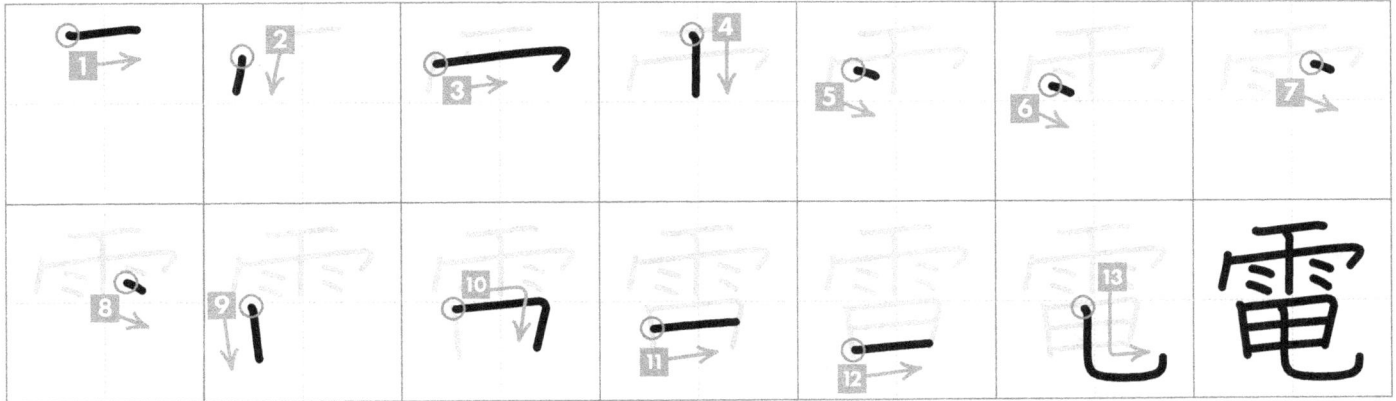

PRÁCTICA

Trace y practique el siguiente kanji

ESTILOS   電 電 電 電 電 電 電 電

校

ONYOMI

コウ
kou

VOCABULARIO

校長 (こうちょう)　director
校舎 (こうしゃ)　edificio escolar
校庭 (こうてい)　patio de la escuela

母校 (ぼこう)　alma mater
登校 (とうこう)　ir a la escuela
分校 (ぶんこう)　sucursal de la escuela

ORDEN DE LOS TRAZOS

Cómo se dibuja este Kanji

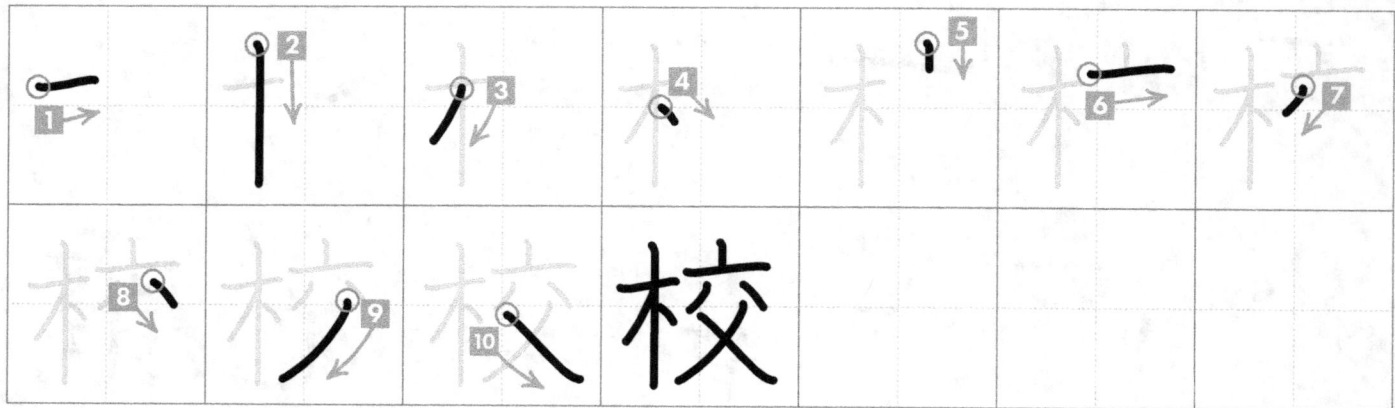

PRÁCTICA

Trace y practique el siguiente kanji

ESTILOS　校 **校** 校 校 **校** **校** **校** 校

KANJI #	RADICAL	TRAZOS	SIGNIFICADO	UNICODE
0371	言	14	palabra, habla, lenguaje	8A9E

語

ONYOMI

ゴ
go

KUNYOMI

かた(る)
kata(ru)

VOCABULARIO

語学 (ごがく) — estudio del lenguaje
語句 (ごく) — palabras; frases
語気 (ごき) — manera de hablar

用語 (ようご) — término; terminología
物語 (ものがたり) — cuento; historia
国語 (こくご) — lengua nacional

ORDEN DE LOS TRAZOS

Cómo se dibuja este Kanji

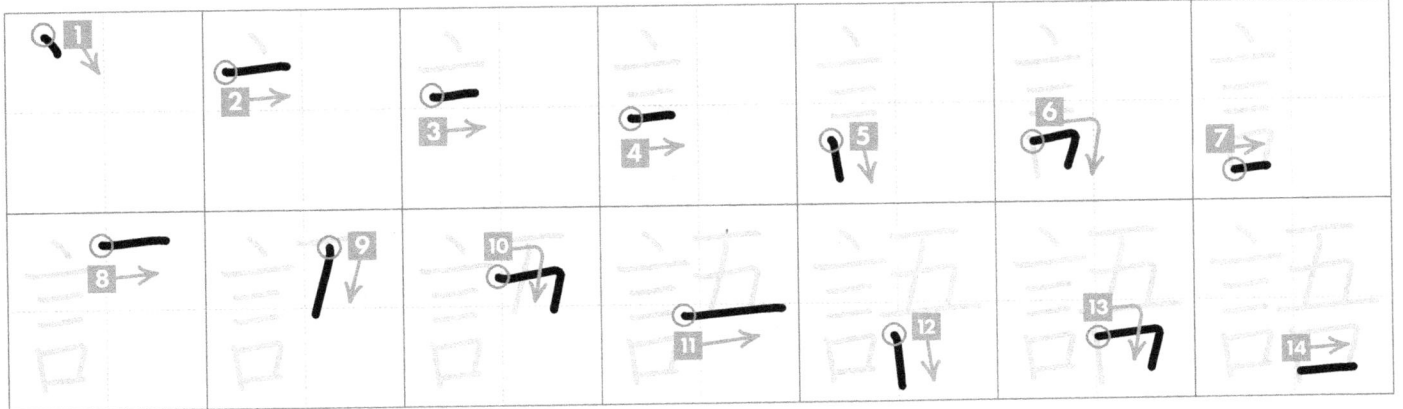

PRÁCTICA

Trace y practique el siguiente kanji

ESTILOS 語 語 語 語 語 語 語 語

KANJI #	RADICAL	TRAZOS	SIGNIFICADO	UNICODE
0161	土	3	**suelo, tierra, terreno**	571F

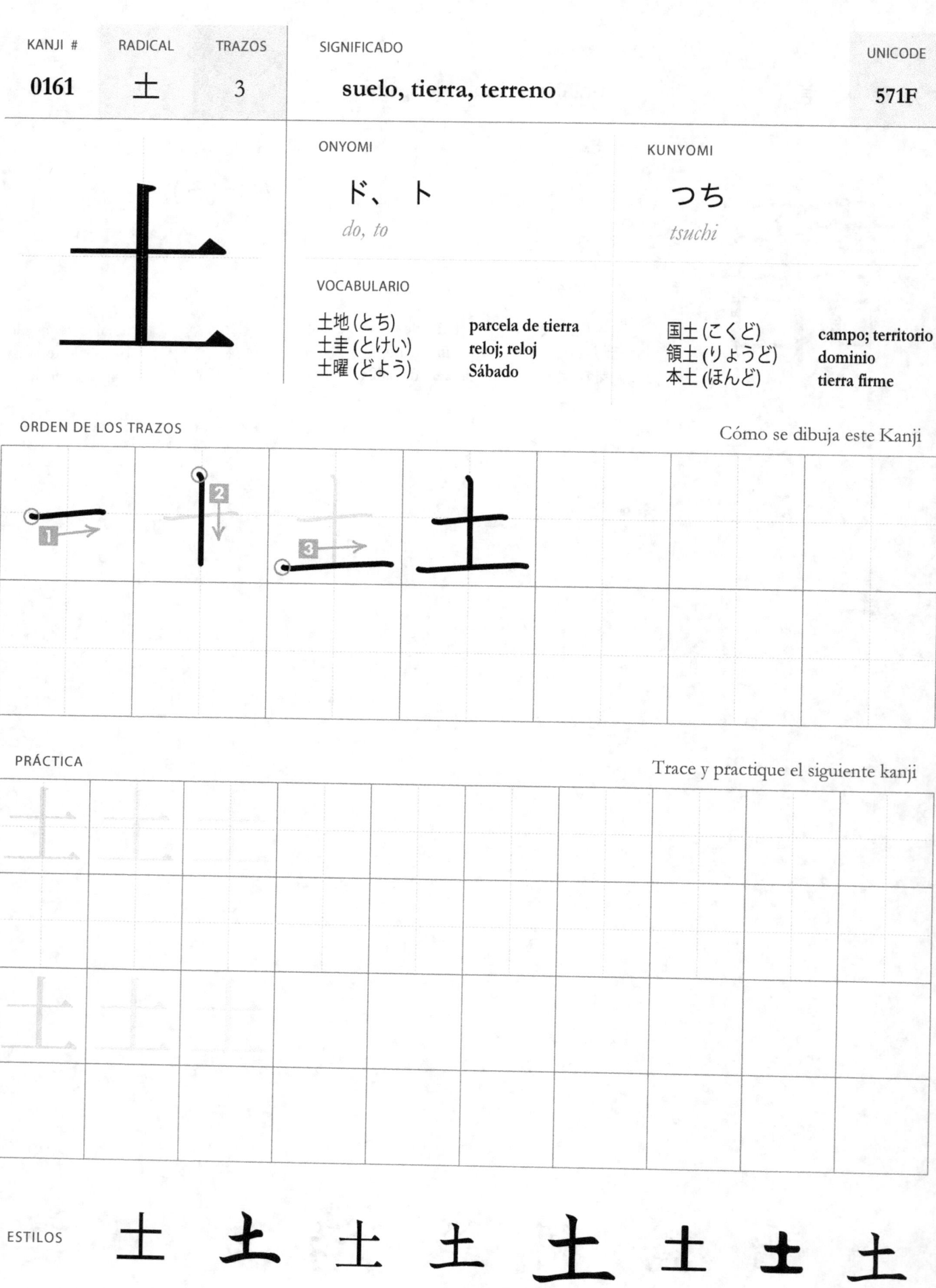

ONYOMI

ド、ト
do, to

KUNYOMI

つち
tsuchi

VOCABULARIO

土地 (とち)	parcela de tierra	国土 (こくど)	campo; territorio
土圭 (とけい)	reloj; reloj	領土 (りょうど)	dominio
土曜 (どよう)	Sábado	本土 (ほんど)	tierra firme

ORDEN DE LOS TRAZOS

Cómo se dibuja este Kanji

PRÁCTICA

Trace y practique el siguiente kanji

ESTILOS   土　土　土　土　土　土　土　土

KANJI #	RADICAL	TRAZOS	SIGNIFICADO	UNICODE
0207	木	4	árbol, madera	6728

木

ONYOMI

ボク、モク

boku, moku

KUNYOMI

き、こ-

ki, ko

VOCABULARIO

木曜 (もくよう)　　Jueves
木材 (もくざい)　madera aserrada; madera
木立 (こだち)　　arbolado

土木 (どぼく)　　obras de ingeniería
大木 (たいぼく)　árbol grande
並木 (なみき)　　árbol de carretera

ORDEN DE LOS TRAZOS

Cómo se dibuja este Kanji

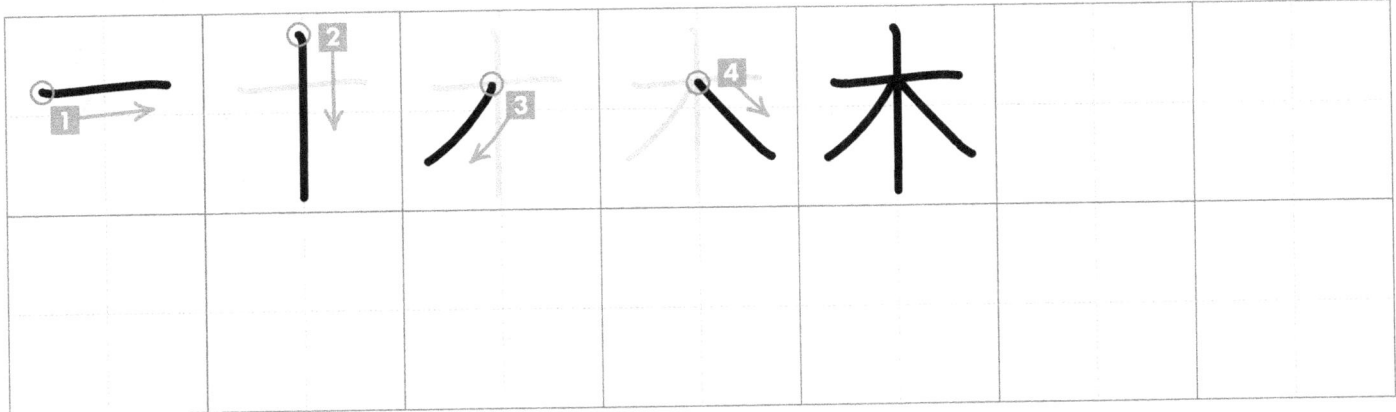

PRÁCTICA

Trace y practique el siguiente kanji

ESTILOS　木　木　木　木　木　木　木　木

KANJI #	RADICAL	TRAZOS	SIGNIFICADO	UNICODE
1754	耳	14	oír, escuchar, preguntar	805E

聞

ONYOMI

ブン、モン

bun, mon

KUNYOMI

き(く)

ki(ku)

VOCABULARIO

聞く (き)　　　oír; escuchar
聞き (き)　　　escuchar
聞ゆる (きこ)　famoso; célebre

新聞 (しんぶん)　　periódico
見聞 (けんぶん)　　periódico
聴聞 (ちょうもん)　escuchar; oír

ORDEN DE LOS TRAZOS

Cómo se dibuja este Kanji

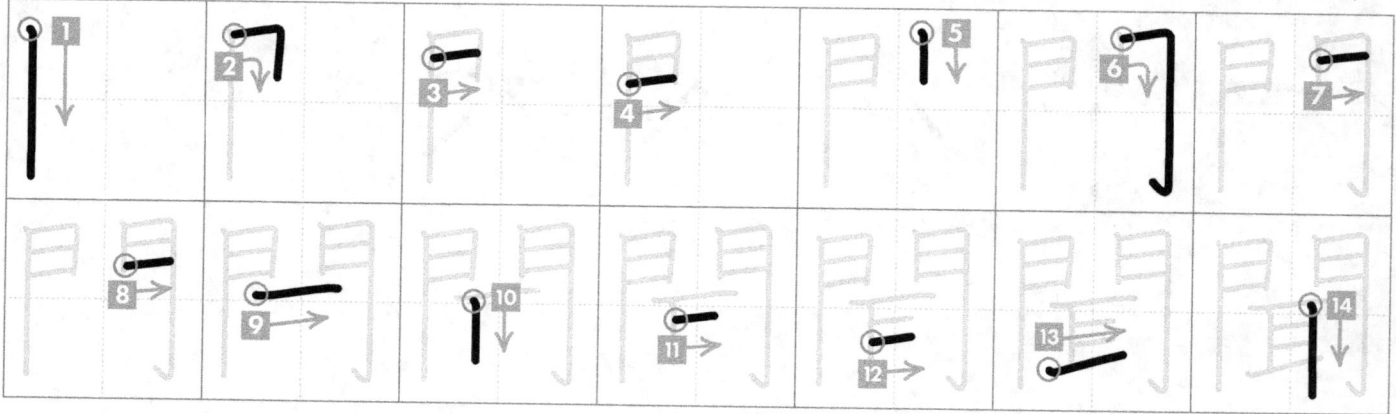

PRÁCTICA

Trace y practique el siguiente kanji

ESTILOS　聞　聞　聞　聞　聞　聞　聞　聞

KANJI #	RADICAL	TRAZOS	SIGNIFICADO	UNICODE
1582	食	9	comer, comida	98DF

ONYOMI

ショク、ジキ

shoku, jiki

KUNYOMI

く(う)、 た(べる)、 は(む)

k(u), ta(beru), ha(mu)

VOCABULARIO

食事 (しょくじ) 　comida
食品 (しょくひん) 　comida; productos alimenticios
食堂 (しょくどう) 　comedor

夕食 (ゆうしょく) 　comida de la noche
昼食 (ちゅうしょく) comida de mediodía
朝食 (ちょうしょく) desayuno

ORDEN DE LOS TRAZOS

Cómo se dibuja este Kanji

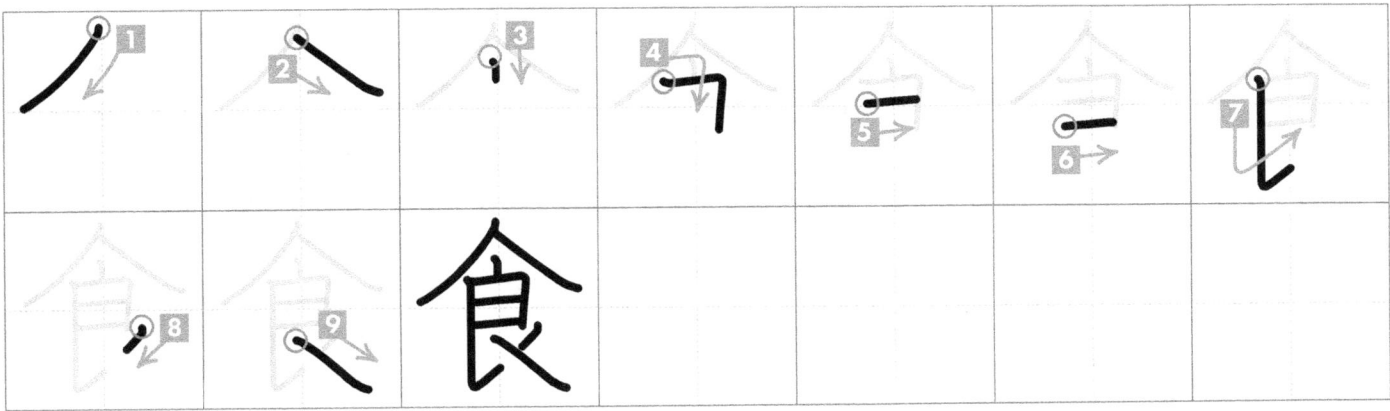

PRÁCTICA

Trace y practique el siguiente kanji

ESTILOS 　食 　食 　食 　食 　食 　食 　食 　食

KANJI #	RADICAL	TRAZOS	SIGNIFICADO	UNICODE
0304	車	7	**coche, rueda**	**8ECA**

ONYOMI

シャ
sha

KUNYOMI

くるま
kuruma

VOCABULARIO

車輪 (しゃりん)   (coche) rueda
車庫 (しゃこ)   garaje; cochera
車内 (しゃない)   dentro de un tren, coche, etc.

電車 (でんしゃ)   tren; tren eléctrico
自動車 (じどうしゃ)   automóvil
駐車 (ちゅうしゃ)   parqueo

ORDEN DE LOS TRAZOS

Cómo se dibuja este Kanji

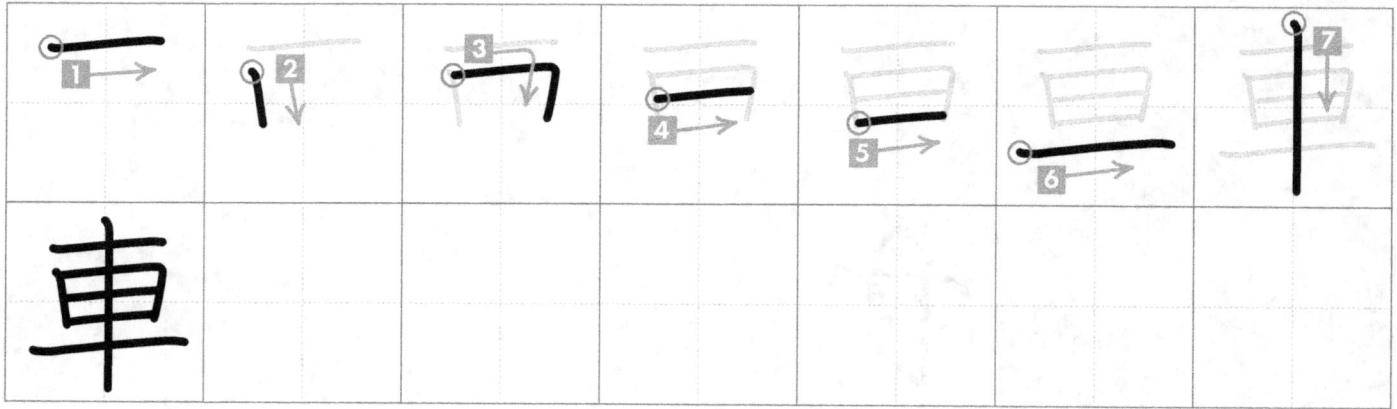

PRÁCTICA

Trace y practique el siguiente kanji

ESTILOS   車 車 車 車 車 車 車 車

何

ONYOMI

カ
ka

KUNYOMI

なに、なん
nani, nan

VOCABULARIO

何時 (いつ)	cuándo; en cuánto tiempo	如何 (どう)	cómo; de qué manera
何処 (どこ)	dónde; qué lugar	幾何 (きか)	geometría
何か (なに)	algo	何々 (なになに)	de qué se trata

ORDEN DE LOS TRAZOS   Cómo se dibuja este Kanji

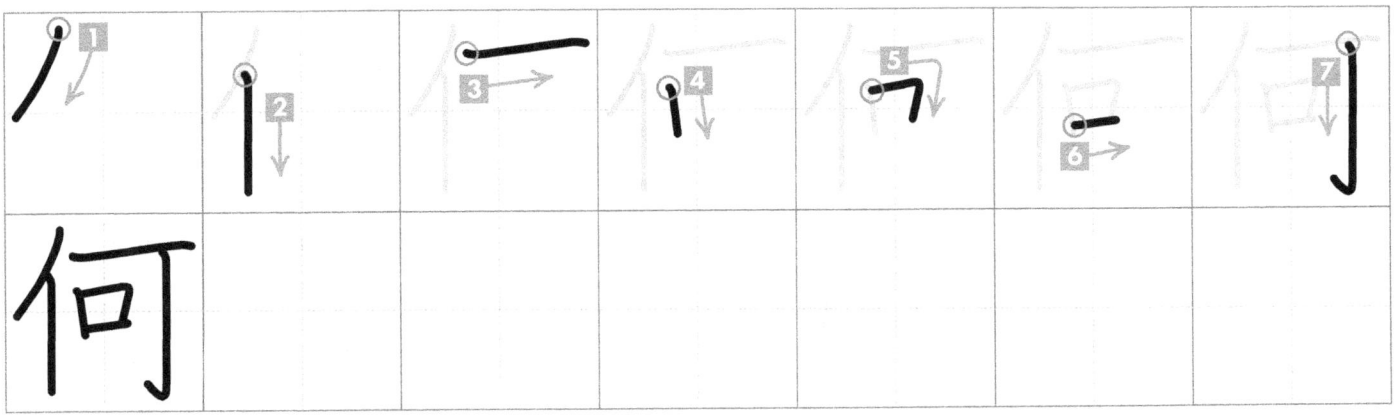

PRÁCTICA   Trace y practique el siguiente kanji

ESTILOS   何 何 何 何 何 何 何 何

ONYOMI

ナン、ナ

nan, na

KUNYOMI

みなみ

minami

VOCABULARIO

南北 (なんぼく)	norte y sur	東南 (とうなん)	sureste
南西 (なんせい)	suroeste	西南 (せいなん)	suroeste
南東 (なんとう)	sureste	真南 (まみなみ)	hacia el sur

ORDEN DE LOS TRAZOS

Cómo se dibuja este Kanji

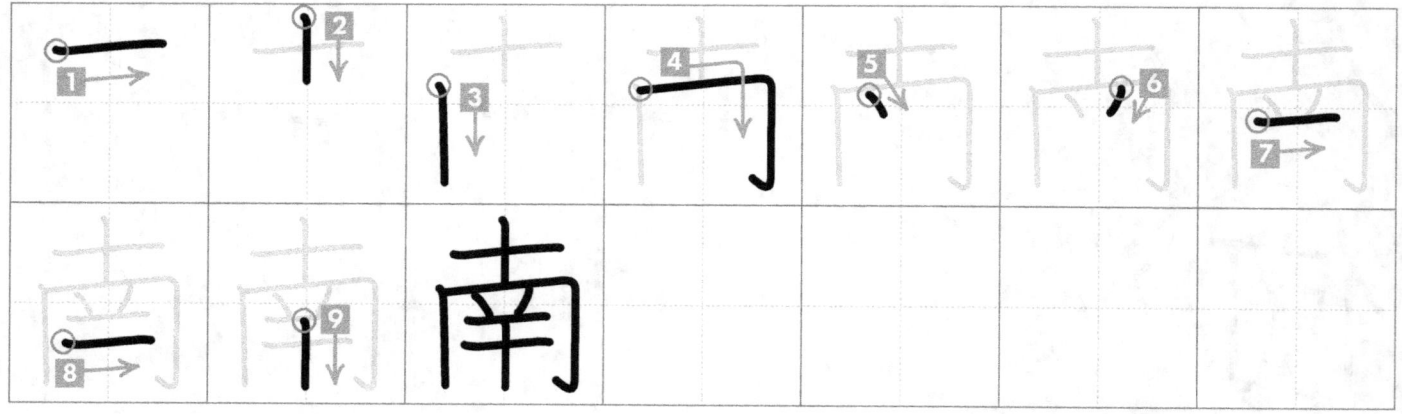

PRÁCTICA

Trace y practique el siguiente kanji

ESTILOS 南 南 南 南 南 南 南 南

万

ONYOMI

マン、バン

man, ban

VOCABULARIO

万一 (まんいち)　emergencia
万人 (ばんにん)　todas las personas;
　　　　　　　　todo el mundo
万能 (ばんのう)　para todo uso;
　　　　　　　　utilidad

百万 (ひゃくまん)　un millón
十万 (じゅうまん)　cien mil
億万 (おくまん)　　millones y millones

ORDEN DE LOS TRAZOS

Cómo se dibuja este Kanji

一　フ　ノ　万

PRÁCTICA

Trace y practique el siguiente kanji

ESTILOS

万　万　万　万　万　万　万　万

KANJI #	RADICAL	TRAZOS	SIGNIFICADO	UNICODE
0497	毋	6	cada	6BCE

毎

ONYOMI

マイ
mai

KUNYOMI

ごと(に)
goto(ni)

VOCABULARIO

毎日 (まいにち)	cada día	丸毎 (まるごと)	en su totalidad
毎月 (まいつき)	cada mes	人毎 (ひとごと)	con cada persona
毎年 (まいとし)	cada año	毎回 (まいかい)	cada vez

ORDEN DE LOS TRAZOS

Cómo se dibuja este Kanji

PRÁCTICA

Trace y practique el siguiente kanji

ESTILOS 毎 毎 毎 毎 毎 毎 毎 毎

ONYOMI

ハク、ビャク

haku, byaku

KUNYOMI

しろ(い)

shiro(i)

VOCABULARIO

白書 (はくしょ)	papel blanco	告白 (こくはく)	confesión
白銀 (しろがね)	plata (Ag)	真っ白 (まっしろ)	blanco puro; blanco
白髪 (しらが)	pelo blanco; pelo gris	空白 (くうはく)	espacio en blanco

ORDEN DE LOS TRAZOS

Cómo se dibuja este Kanji

PRÁCTICA

Trace y practique el siguiente kanji

ESTILOS 白　白　白　白　白　白　白　白

KANJI #	RADICAL	TRAZOS	SIGNIFICADO	UNICODE
0457	大	4	**Los cielos, cielo, imperial**	5929

ONYOMI

テン
ten

KUNYOMI

あまつ, あめ, てん
amatsu, ame, ama

VOCABULARIO

天気 (てんき)   tiempo
天国 (てんごく)   paraíso; cielo
天井 (てんじょう)   techo; precio del techo

雨天 (うてん)   clima lluvioso
楽天 (らくてん)   optimismo
炎天 (えんてん)   calor abrasador

ORDEN DE LOS TRAZOS   *Cómo se dibuja este Kanji*

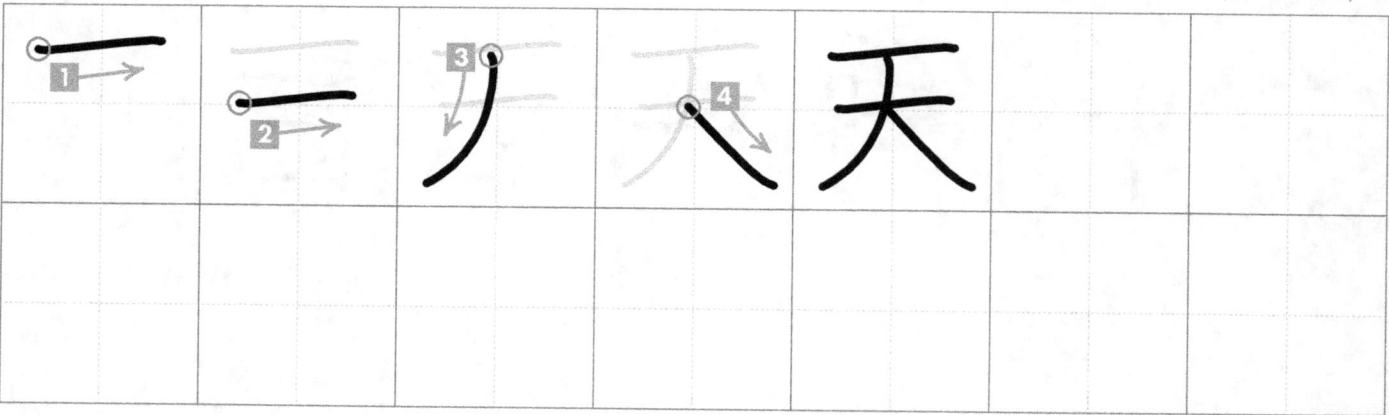

PRÁCTICA   *Trace y practique el siguiente kanji*

ESTILOS   天 夭 天 天 天 天 天 天

KANJI #	RADICAL	TRAZOS	SIGNIFICADO	UNICODE
0105	母	5	madre	6BCD

母

ONYOMI

ボ

bo

KUNYOMI

はは、 かあ

haha, kaa

VOCABULARIO

母校 (ぼこう)   alma mater
母子 (ぼし)   madre e hijo
母国 (ぼこく)   la patria de uno

祖母 (そぼ)   abuela
父母 (ふぼ)   padre y madre
分母 (ぶんぼ)   denominador

ORDEN DE LOS TRAZOS

Cómo se dibuja este Kanji

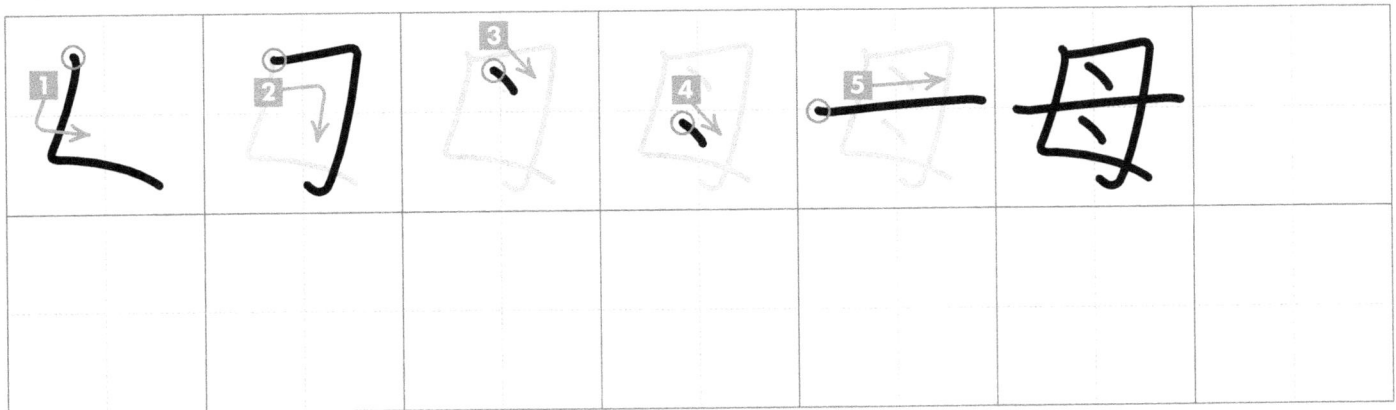

PRÁCTICA

Trace y practique el siguiente kanji

ESTILOS   

KANJI #	RADICAL	TRAZOS	SIGNIFICADO	UNICODE
0173	火	4	fuego	706B

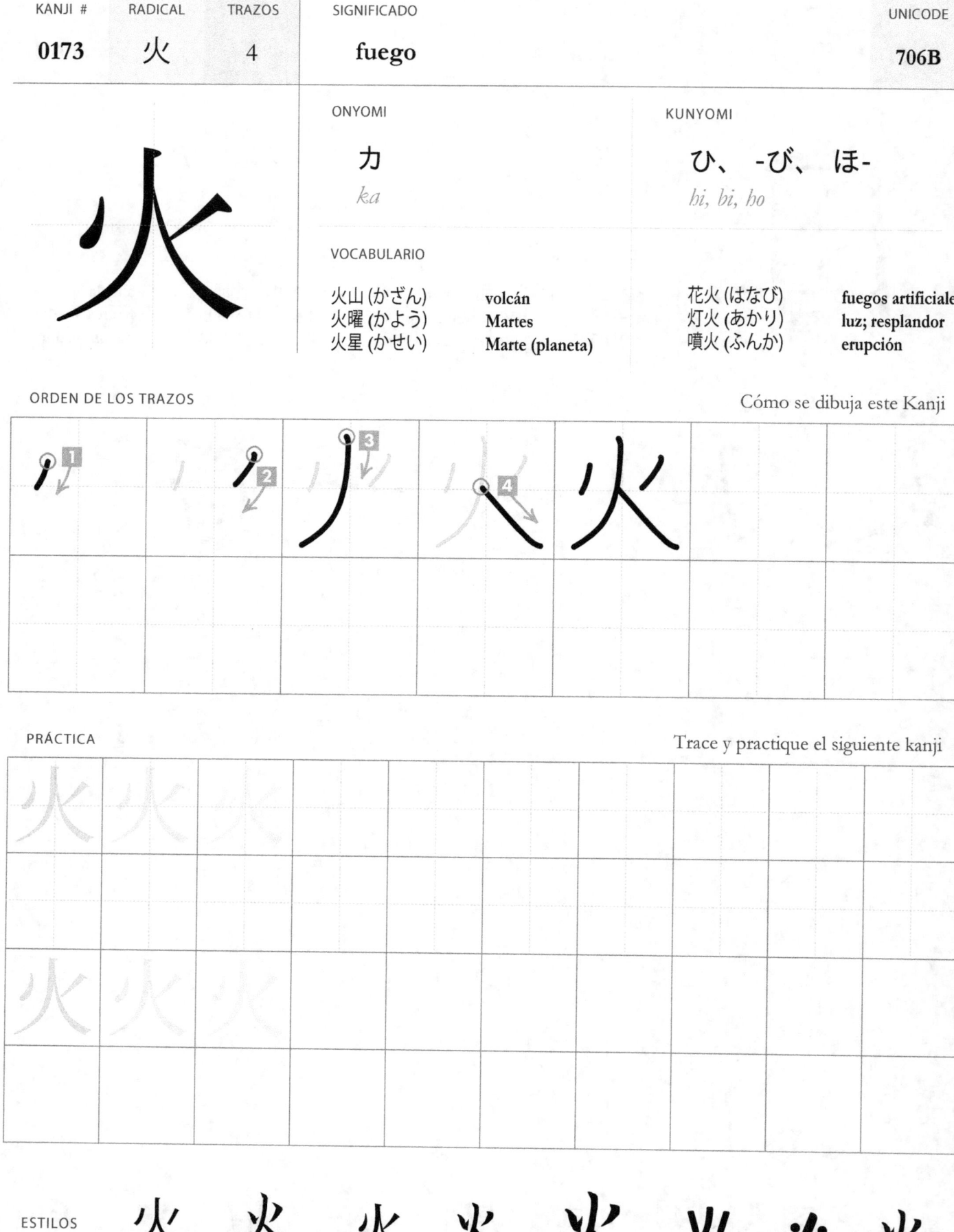

ONYOMI

カ
ka

KUNYOMI

ひ、-び、ほ-
hi, bi, ho

VOCABULARIO

火山 (かざん)　　volcán
火曜 (かよう)　　Martes
火星 (かせい)　　Marte (planeta)

花火 (はなび)　　**fuegos artificiales**
灯火 (あかり)　　**luz; resplandor**
噴火 (ふんか)　　**erupción**

ORDEN DE LOS TRAZOS

Cómo se dibuja este Kanji

PRÁCTICA

Trace y practique el siguiente kanji

ESTILOS 火 火 火 火 火 火 火 火

KANJI #	RADICAL	TRAZOS	SIGNIFICADO	UNICODE
0082	口	5	**derecha**	**53F3**

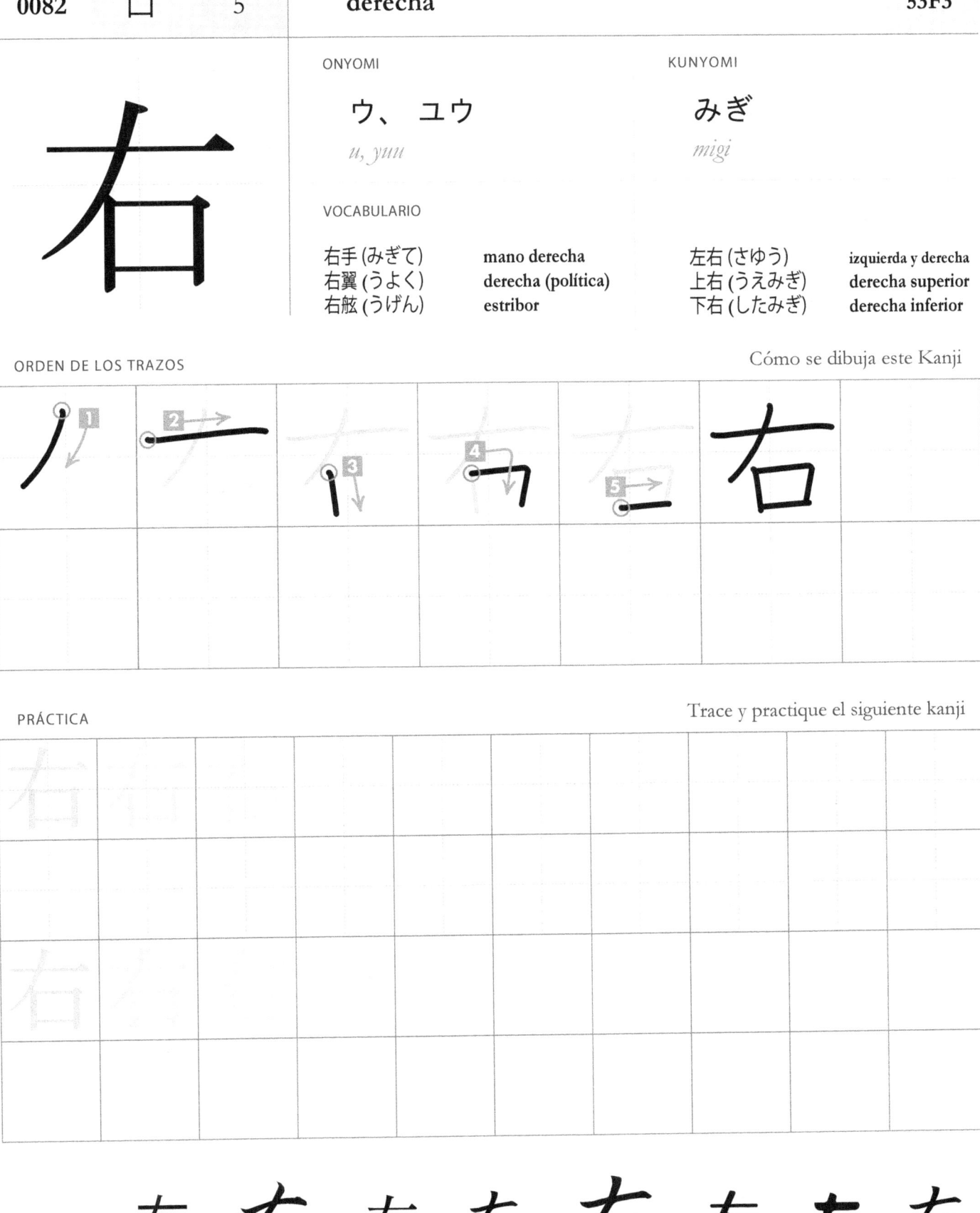

ONYOMI

ウ、ユウ

u, yuu

KUNYOMI

みぎ

migi

VOCABULARIO

右手 (みぎて)	mano derecha	左右 (さゆう)	izquierda y derecha
右翼 (うよく)	derecha (política)	上右 (うえみぎ)	derecha superior
右舷 (うげん)	estribor	下右 (したみぎ)	derecha inferior

ORDEN DE LOS TRAZOS

Cómo se dibuja este Kanji

PRÁCTICA

Trace y practique el siguiente kanji

ESTILOS 右 右 右 右 右 右 右 右

KANJI #	RADICAL	TRAZOS	SIGNIFICADO	UNICODE
0372	言	14	**leer**	**8AAD**

読

ONYOMI

ドク、トク、トウ

doku, toku, tou

KUNYOMI

よ(む)

yo(mu)

VOCABULARIO

読書 (どくしょ)	lectura	一読 (いちどく)	lectura
読者 (どくしゃ)	lector	解読 (かいどく)	descifrar
読本 (とくほん)	libro de lectura	下読 (したよみ)	ensayo (de obra)

ORDEN DE LOS TRAZOS

Cómo se dibuja este Kanji

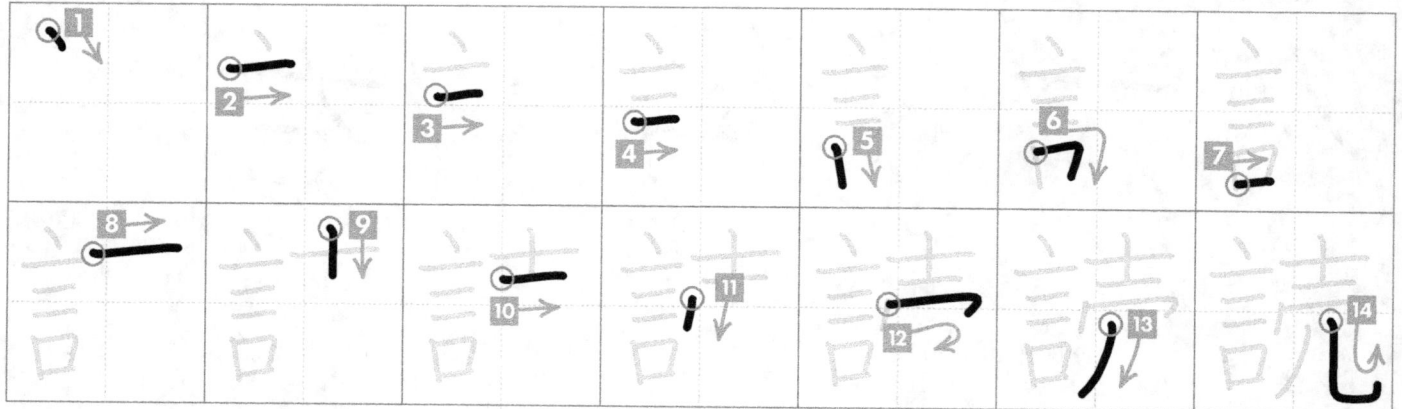

PRÁCTICA

Trace y practique el siguiente kanji

ESTILOS 読 読 読 読 読 読 読 読

KANJI #	RADICAL	TRAZOS	SIGNIFICADO	UNICODE
0760	又	4	**amigo**	**53CB**

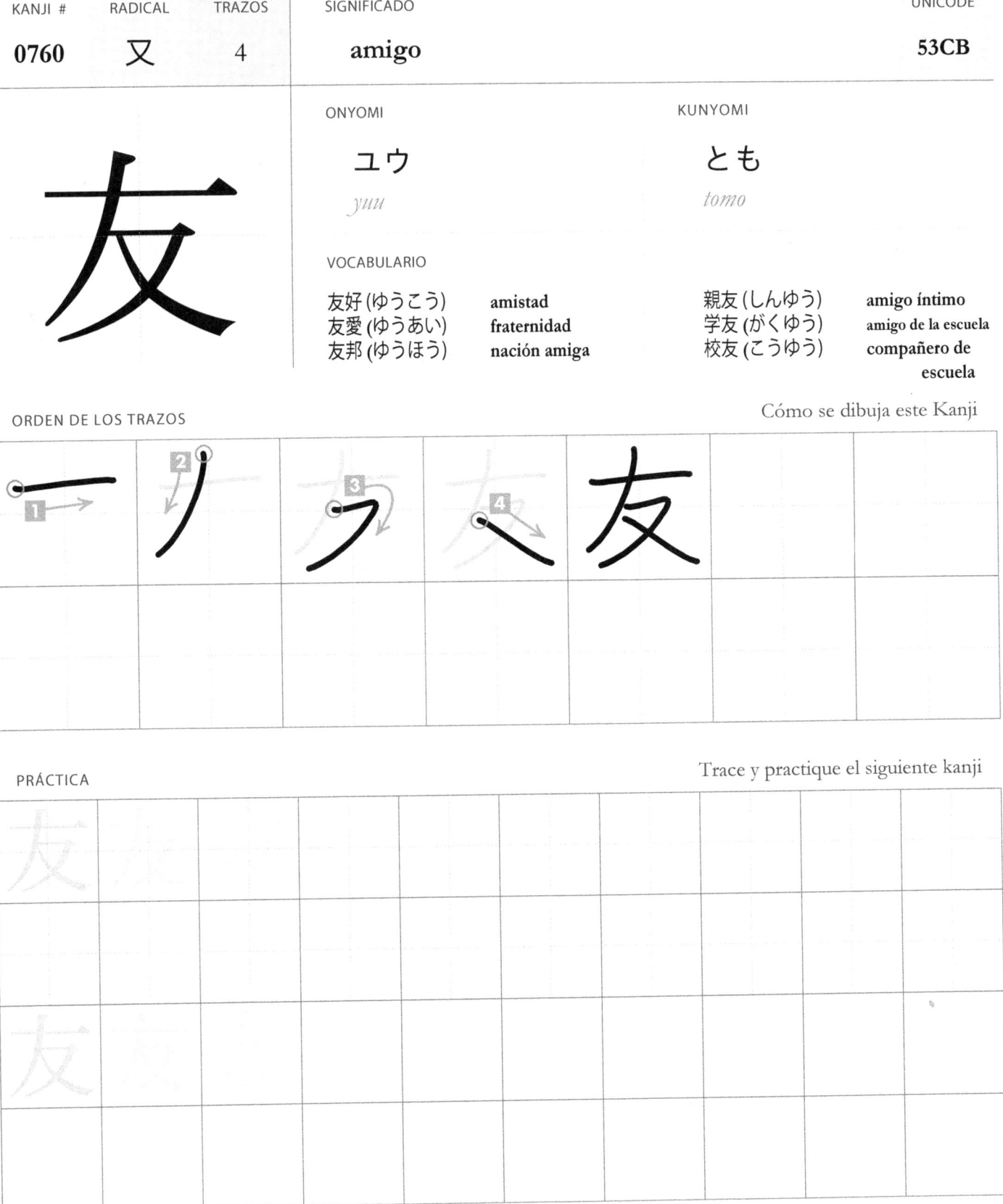

ONYOMI

ユウ

yuu

KUNYOMI

とも

tomo

VOCABULARIO

友好 (ゆうこう)   amistad   親友 (しんゆう)   amigo íntimo

友愛 (ゆうあい)   fraternidad   学友 (がくゆう)   amigo de la escuela

友邦 (ゆうほう)   nación amiga   校友 (こうゆう)   compañero de escuela

ORDEN DE LOS TRAZOS

Cómo se dibuja este Kanji

PRÁCTICA

Trace y practique el siguiente kanji

ESTILOS   友 友 友 友 友 友 友 友

KANJI #	RADICAL	TRAZOS	SIGNIFICADO	UNICODE
0081	工	5	izquierda	5DE6

左

ONYOMI

サ、シャ

sa, sha

KUNYOMI

ひだり

hidari

VOCABULARIO

左右 (さゆう)　izquierda y derecha
左手 (ひだりて)　mano izquierda
左腕 (さわん)　brazo izquierdo

上左 (うえひだり)　parte superior izquierda
下左 (したひだり)　inferior izquierdo
極左 (きょくさ)　extremo izquierdo

ORDEN DE LOS TRAZOS

Cómo se dibuja este Kanji

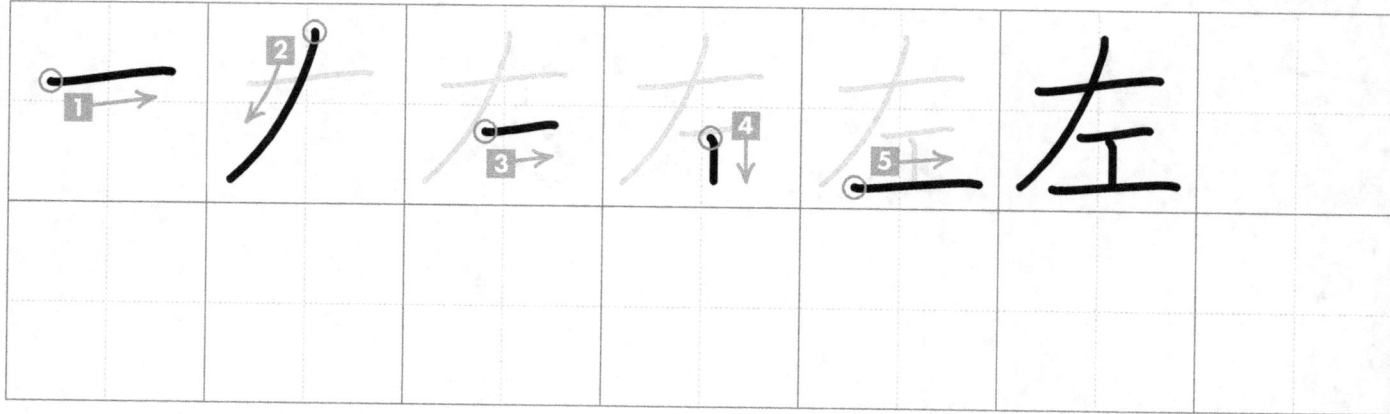

PRÁCTICA

Trace y practique el siguiente kanji

ESTILOS　左　左　左　左　左　左　左　左

KANJI #	RADICAL	TRAZOS	SIGNIFICADO	UNICODE
1038	人	6	descansar, día libre, retirarse, dormir	4F11

ONYOMI

キュウ

kyuu

KUNYOMI

やす(む)

yasu(mu)

VOCABULARIO

休む (やす)	estar ausente	連休 (れんきゅう)	vacaciones consecutivas
休日 (きゅうじつ)	vacaciones; día libre	週休 (しゅうきゅう)	vacaciones semanales
休止 (きゅうし)	pausa; cese	運休 (うんきゅう)	servicio suspendido

ORDEN DE LOS TRAZOS

Cómo se dibuja este Kanji

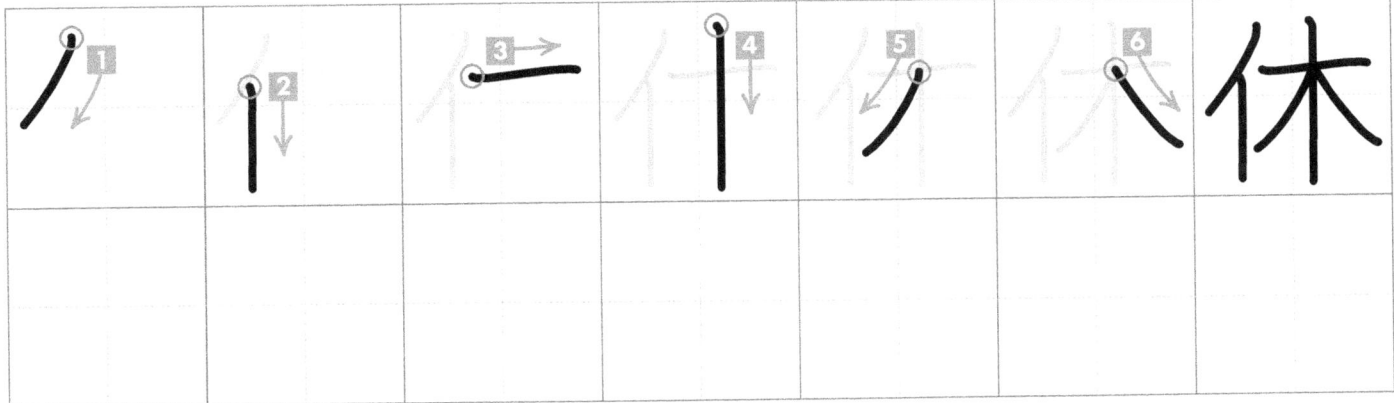

PRÁCTICA

Trace y practique el siguiente kanji

ESTILOS　　休　休　休　休　休　休　休　休

103

KANJI #	RADICAL	TRAZOS	SIGNIFICADO	UNICODE
1366	父	4	**padre**	**7236**

ONYOMI

フ
fu

KUNYOMI

ちち、とう
chichi, tou

VOCABULARIO

父母 (ふぼ)　　padre y madre
父子 (ふし)　　padre e hijo
父兄 (ふけい)　tutores

祖父 (そふ)　　abuelo
伯父 (おじ)　　tío
親父 (おやじ)　el padre de uno

ORDEN DE LOS TRAZOS

Cómo se dibuja este Kanji

PRÁCTICA

Trace y practique el siguiente kanji

ESTILOS

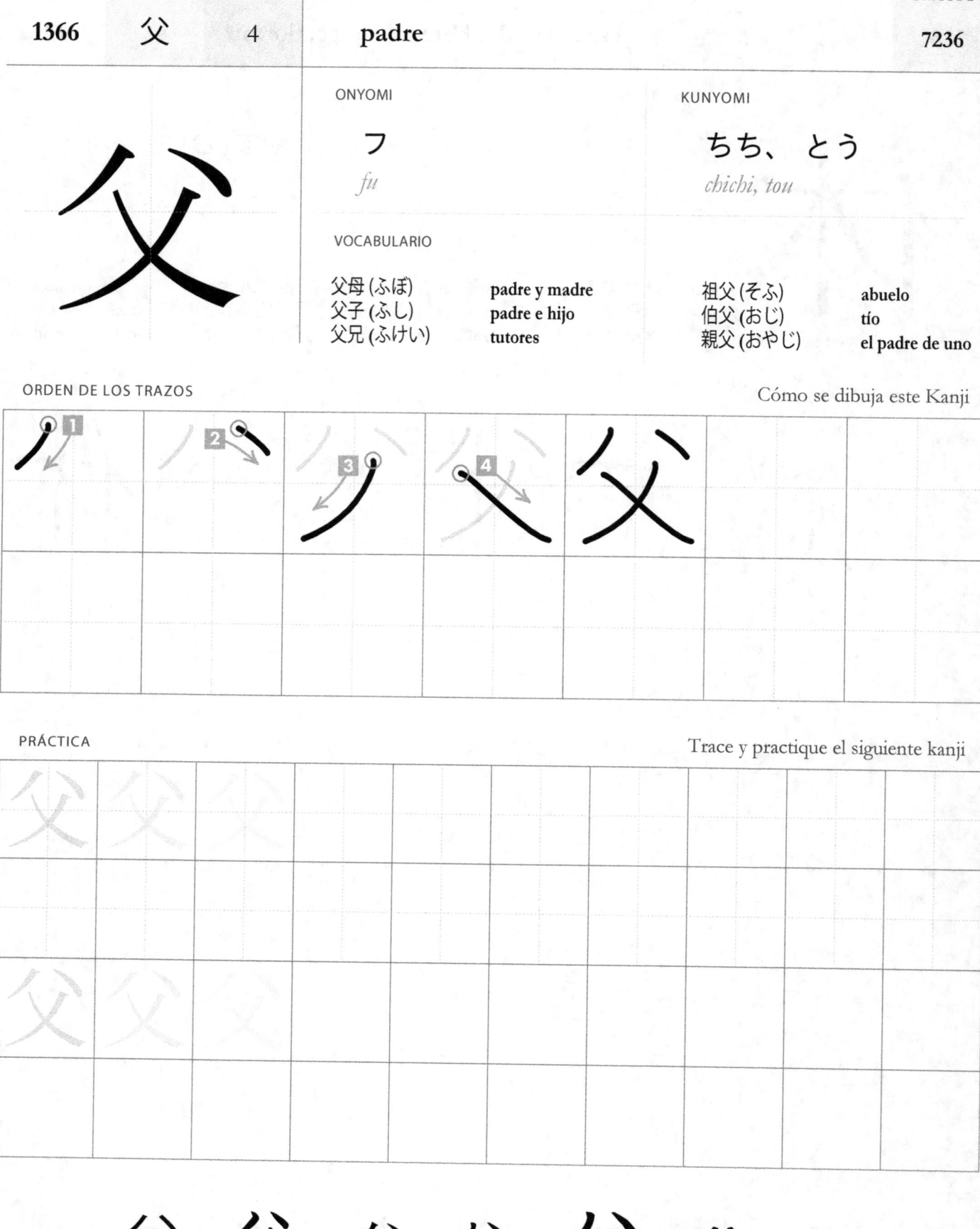

KANJI #	RADICAL	TRAZOS	SIGNIFICADO	UNICODE
0451	雨	8	lluvia	96E8

ONYOMI

ウ

u

KUNYOMI

あめ、あま

ame, ama

VOCABULARIO

雨天 (うてん)	clima lluvioso	梅雨 (つゆ)	temporada de lluvias
雨水 (うすい)	agua de lluvia	大雨 (おおあめ)	lluvia fuerte
雨量 (うりょう)	lluvia	時雨 (しぐれ)	llovizna

ORDEN DE LOS TRAZOS

Cómo se dibuja este Kanji

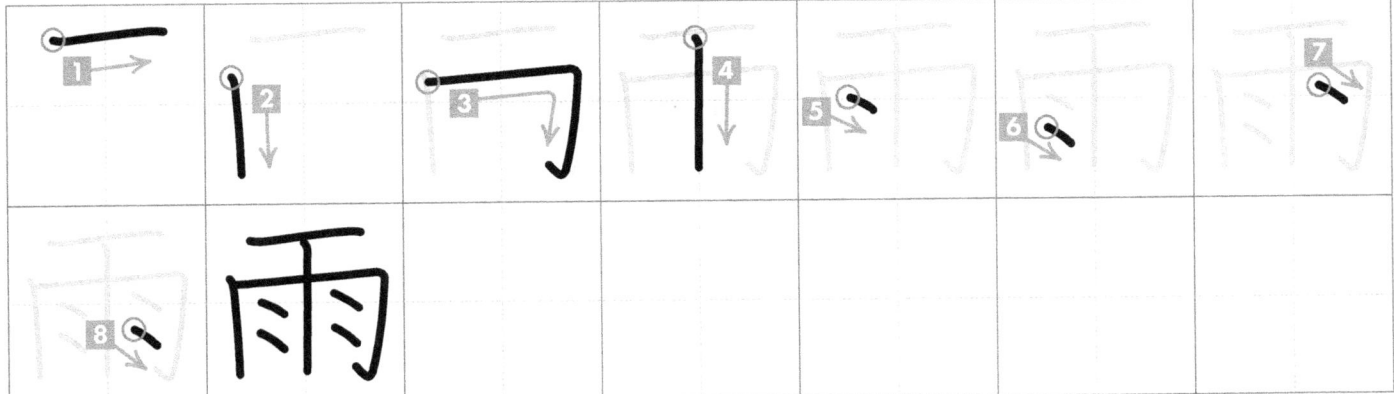

PRÁCTICA

Trace y practique el siguiente kanji

ESTILOS 雨 雨 雨 雨 雨 雨 雨 雨

Parte 4

GENKOUYOUSHI

PAPEL CUADRICULADO PARA MAYOR PRÁCTICA

Parte 5

TARJETAS DIDÁCTICAS

FOTOCOPIE O CORTE Y GUARDE

日	丨	国
人	年	大
木	二	十
田	秋	甲

SIGNIFICADO	RADICAL
día, sol, Japón, contador de días	日
persona	人
libro presente, verdadero, contador para cilindros largos, salir	木
un	一
año, contador de años	年
dos, 2	二
salida, abandonar, salir	凵
país	口
largo, grande	大
diez, 10	十
largo, líder, superior, mayor	長
en, dentro, medio, medio, centro	丨

行	時	二
分	月	兒
生	前	後
上	間	五

SIGNIFICADO

ir, viaje, llevar a cabo, línea, fila

RADICAL

行

SIGNIFICADO

parte, minuto de tiempo, entender

RADICAL

刀

SIGNIFICADO

vida, genuina, nacimiento

RADICAL

生

SIGNIFICADO

encima, arriba

RADICAL

一

SIGNIFICADO

tiempo, hora

RADICAL

日

SIGNIFICADO

mes, luna

RADICAL

月

SIGNIFICADO

delante, antes de

RADICAL

刀

SIGNIFICADO

intervalo, espacio

RADICAL

門

SIGNIFICADO

tres, 3

RADICAL

一

SIGNIFICADO

ver, esperanzas, posibilidades, idea opinión, mirar

RADICAL

見

SIGNIFICADO

por detrás, atrás, después

RADICAL

彳

SIGNIFICADO

cinco, 5

RADICAL

二

年	曰	今
金	九	人
学	恒	田
子	幼	人

SIGNIFICADO	RADICAL
ahora, el presente	人

SIGNIFICADO	RADICAL
entrar, insertar	入

SIGNIFICADO	RADICAL
círculo, yen (unidad monetaria japonesa), redondo	冂

SIGNIFICADO	RADICAL
ocho, 8	八

SIGNIFICADO	RADICAL
cuatro, 4	口

SIGNIFICADO	RADICAL
nueve, 9	丿

SIGNIFICADO	RADICAL
alto, caro	高

SIGNIFICADO	RADICAL
en el exterior	夕

SIGNIFICADO	RADICAL
este	木

SIGNIFICADO	RADICAL
oro	金

SIGNIFICADO	RADICAL
estudiar, aprendizaje, ciencia	子

SIGNIFICADO	RADICAL
niño	子

来	下	六
七	小	長
女	語	山
百	午	水

SIGNIFICADO	RADICAL
venir, debido, siguiente, causar, llegar a ser	木
siete, 7	一
mujer, femenino	女
cien	白
abajo, bajar, descender, dar, bajar, inferior	口
pequeño	小
cuento, alto	言
mediodía, signo del caballo	十
seis, 6	八
espíritu, mente, aire, atmósfera, estado de ánimo	气
montaña	山
norte	匕

名　先　書

水　千　川

西　男　米

語　校　電

SIGNIFICADO — RADICAL

nombre, señalado, distinguido, reputación — 口

antes, adelante, anterior, futuro, precedente — 儿

escribir — 曰

agua — 水

mil — 十

río, arroyo — 巛

oeste — 西

hombre, varón — 田

mitad, medio, número impar, semi — 十

palabra, el habla, lenguaje — 言

escuela — 木

electricidad, eléctrico, accionado — 雨

圖	长	士
何	冊	食
俺	万	画
母	天	田

說	右	火
休	左	反
	里	父

SIGNIFICADO **para leer** RADICAL 言

SIGNIFICADO **descanso, día descanso, retirarse, dormir** RADICAL 人

SIGNIFICADO **derecho** RADICAL 口

SIGNIFICADO **izquierda** RADICAL 工

SIGNIFICADO **lluvia** RADICAL 雨

SIGNIFICADO **fuego** RADICAL 火

SIGNIFICADO **amigo** RADICAL 又

SIGNIFICADO **padre** RADICAL 父

ありがとう

arigatou

Gracias

¡Gracias por escoger nuestro libro!

Ahora ya está bien encaminado para aprender a leer, escribir y hablar en japonés, y esperamos que haya disfrutado de nuestro libro de ejercicios de kanji.

Si usted ha disfrutado aprendiendo con nosotros, nos gustaría mucho que nos contara su progreso en una reseña.

Siempre estamos dispuestos a averiguar si hay algo que podamos hacer para mejorar nuestros libros para los futuros estudiantes. Nos comprometemos a ofrecer el mejor contenido para el aprendizaje de idiomas, por lo que le rogamos que se ponga en contacto con nosotros por correo electrónico si tiene algún problema con el contenido de este libro:
hello@polyscholar.com

¿Quieres más páginas de práctica?
Escanea el código QR o visita
https://amzn.to/3xofDaX para
obtener un cuaderno.

POLYSCHOLAR

www.polyscholar.com

www.ingramcontent.com/pod-product-compliance
Lightning Source LLC
Chambersburg PA
CBHW081331120626
46546CB00011B/3305